中国古代宗祠

王 俊 编著

中国商业出版社

图书在版编目（CIP）数据

中国古代宗祠 / 王俊编著. -- 北京：中国商业出版社，2016.12
ISBN 978-7-5044-9677-5

Ⅰ.①中… Ⅱ.①王… Ⅲ.①祠堂-中国-古代 Ⅳ.①K928.75

中国版本图书馆CIP数据核字(2017)第001878号

责任编辑：常 松

中国商业出版社出版发行
010-63180647　www.c-cbook.com
（100053 北京广安门内报国寺1号）
新华书店经销
三河市同力彩印有限公司
*
710×1000毫米　16开　15印张　240千字
2017年9月第1版　2017年9月第1次印刷
定价：45.00元
* * * *
（如有印装质量问题可更换）

《中国传统民俗文化》编委

主　编　　傅璇琮　　著名学者，原国务院古籍整理出版规划小组秘书长，清华大学古典文献研究中心主任教授，原中华书局总编辑

顾　问　　蔡尚思　　著名历史学家，中国思想史研究专家
　　　　　卢燕新　　南开大学文学院副教授
　　　　　王永波　　四川省社会科学院文学研究所副研究员
　　　　　叶　舟　　中国思维科学研究院院长，清华大学、北京大学特聘教授
　　　　　于春芳　　北京第二外国语学院教授
　　　　　杨玲玲　　西班牙文化大学文化与教育学博士

编　委　　陈鑫海　　首都师范大学中文系博士
　　　　　李　敏　　北京语言大学古汉语古代文学博士
　　　　　赵　芳　　出版社高级编辑，曾编辑出版过多部文化类图书
　　　　　韩　霞　　山东教育基金会理事，作家
　　　　　陈　娇　　山东大学哲学系讲师
　　　　　吴军辉　　河北大学历史系讲师
　　　　　石雨祺　　出版社高级编辑，曾编辑出版过多部历史类图书
　　　　　王　欣　　全国特级教师

策划及副主编　王　俊

序 言

中国是举世闻名的文明古国，在漫长的历史发展过程中，勤劳智慧的中国人，创造了丰富多彩、绚丽多姿的文化，可以说人创造了文化，文化创造了人，这些经过锤炼和沉淀的古代传统文化，凝聚着华夏各族人民的性格、精神、智慧，是中华民族相互认同的标志和纽带。在人类文化的百花园中摇曳生姿，展现着自己独特的风采，对人类文化的多样性发展作出了巨大贡献。中国传统民俗文化内容广博，风格独特，深深地吸引着世界人民的眼光。

正因如此，我们必须深入学习贯彻十八届三中全会精神，按照中央的规定，加强文化建设。2006年5月，时任浙江省委书记的习近平同志就已提出："文化通过传承为社会进步发挥基础作用，文化会促进或制约经济乃至整个社会的发展。"又说："文化的力量最终可以转化为物质的力量，文化的软实力最终可以转化为经济的硬实力。"（《浙江文化研究工程成果文库总序》）今年他去山东考察时，又再次强调：中华民族伟大复兴，需要以中华文化发展繁荣为条件。

学习习近平同志的重要讲话，确可体会到，在政治、经济、军事、社会和自然要素之中，文化是协调各个要素协同发展、相关耦合的关健。正因为此，我们应该对华夏民族文化进行广阔、全面的检视。我们应该唤醒我们民族的集体记忆，复兴我们民族的伟大精神，发展和繁荣中华民族的优秀文化，为我们民族在强国之路上阔步前行创设先决条件。

实现民族文化的复兴，更必须传承中华文化的优秀传统。现代中国人，特别是年轻人，对传统文化十分感兴趣，蕴含感情。但当下也有人对具体典籍、历史事实不甚了解，比如说，中国是书法大国，谈起书法，有些人或许只知道些书法大家如王羲之、柳公权等等的名字，知道《兰亭集序》是千古书法珍品，仅此而已。再比如说，我们都知道中国是闻名于世的瓷器大国，中国的瓷器令西方人叹为观止，中国也因此而获得了"瓷器之国"（英语china的另一义即为瓷器）的美誉。然而关于瓷器的由来、形制的演变、纹饰的演化、烧制等等瓷器文化的内涵，就知之甚少了。中国还是武术大国，然而国人的武术知识，或许更多地来源于一部部精彩的武侠影视作品，对于真正的武术文化，我们也难以窥其堂奥了。我们还是崇尚玉文化的国度，我们的祖先，发现了这种"温润而有光泽的美石"，并赋予了这种冰冷的自然物以鲜活的生命力和文化性格，例如"君子当温润如玉"，女子应"冰清玉洁"、"守身如玉"；"玉有五德"，即"仁"、"义"、"智"、"勇"、"洁"，等等。今天，熟悉这些玉文化的内涵的国人，也为数不多了。

也许正有鉴于此，有忧于此，近年来，已有不少有志之士，开始了复兴中国传统文化的努力，读经热开始风靡海峡两岸，不少孩童乃至成人，开始重拾经典，在故纸旧书中品味古人的智慧，发现古文化历久弥新的魅力。电视讲坛里一波又一波对古文化的讲述，也吸引着数以万计的人们，重新审视古文化的价值。现在放在读者眼前的这套"中国传统民俗文化丛书"，也是这一努力的又一体现。我们现在确应注重研究成果的学术价值和应用价值，充分发挥其认识世界、传承文化、创新理论、咨政育人的重要作用。

中国的传统文化内容博大，体系庞杂，该如何下手，如何呈现？这套丛书处理得可谓系统性强，别具心思。编者分别按物质文化、制度文化、精神文化等方面来分门别类地进行组织编写，例如在物质文化的层面，就有中国古代纺织、中国古代酒具、中国古代农具、中国古代青铜器、中国古代钱币、中国古代石刻、中国古代木雕、中国古代建筑、中国古代砖瓦、中国古代玉器、中国古代陶器、中国古代漆器、中国古代桥梁等等。

在精神文化的层面，就有中国古代书法、中国古代绘画、中国古代音乐、中国古代艺术、中国古代篆刻、中国古代家训、中国古代戏曲、中国古代版画等等；在制度文化的层面，就有中国古代科举、中国古代官制、中国古代教育、中国古代军队、中国古代法律等等。

此外，在历史的发展长河中，中国各行各业还涌现出一大批杰出的人物，至今闪耀着夺目的光辉，启迪后人，示范来者，对此，这套丛书也给予了应有的重视，中国古代名将、中国古代名相、中国古代名帝、中国古代文人、中国古代高僧等等，就是这方面的体现。

生活在21世纪的我们，或许对古人的生活颇感好奇，他们的吃穿住用如何？他们如何过节？如何安排婚丧嫁娶？如何交通？孩子如何玩耍？等等。这些饶有兴趣的内容，这套中国传统民俗文化丛书，都有所涉猎，例如中国古代婚姻、中国古代丧葬、中国古代节日、中国古代风俗、中国古代礼仪、中国古代饮食、中国古代交通、中国古代家具、中国古代玩具、中国古代鞋帽等等，这些书籍介绍的，都是人们深感兴趣，平时却无从知晓的内容。

在经济生活的层面，这套丛书安排了中国古代农业、中国古代纺织、中国古代经济、中国古代贸易、中国古代水利、中国古代车马、中国古代赋税等等内容，足以勾勒出古人经济生活的主要内容，让今人得以窥见自己祖先曾经的经济生活情状。

在物质遗存方面，这套丛书则选择了中国古镇、中国古楼、中国古寺、中国古陵墓、中国古塔、中国古战场、中国古村落、中国古街、中国古代宫殿、中国古代城墙、中国古关等内容。相信读罢这些书，喜欢中国古代物质遗存的读者，已经能大致掌握这一领域的大多数知识了。

除了上述内容外，其实还有很多难以归类却饶有兴趣的内容，例如中国古代的乞丐这样的社会史内容，也许有助于我们深入了解这些古代社会底层民众的真实生活情状，走出武侠小说家们加诸他们身上的虚幻不实的丐帮色彩，还原他们的本来面目，加深我们对历史真实的了解。继承和发扬中华民族几千年创造的优秀文化和民族精神是我们责无旁贷的历史责任。

不难看出，单就内容所涵盖的范围广度来说，有物质遗产，有非物质遗产，还有国粹。这套丛书无疑当得起"中国传统文化的百科全书"的美誉了。这套书还邀约了大批相关的专家、教授参与并指导了稿件的编写工作。

应当指出的是，这套书在写作中，既钩稽、爬梳大量古代文化文献典籍，又参照近人与今人的研究成果，将宏观把握与微观考察相结合。在论述、阐释中，既注意重点突出，又着重于论证层次清晰，从多角度、多层面对文化现象与发展加以考察。这套丛书的出版，有助于我们走进古人的世界，了解他们的美好生活，去回望我们来时的路。学史使人明智。历史的回眸，有助于我们汲取古人的智慧，借历史的明灯，照亮未来的路，为我们中华民族的伟大崛起添砖加瓦。

是为序。

傅璇琮

2014年2月8日

前 言

一些人通常会把宗祠简单地理解为"死去祖先的家""祭祀祖神阴灵的场所""神灵所聚之地"。然而,宗祠却远非这些单一的简单概念所能述及。

宗祠起源于氏族社会逐步解体之后,是由同一个祖先所生、自成系统的血缘亲属集团与地缘组织统一而成的宗族组织,在居室外独立建造的祭祖、尊贤、求神的场所。宗族通过祠堂尊祖敬宗的功能来体现封建宗法的根本原则,显示宗族至尊的族权。宗祠也就成为了宗族祭祀的圣地,其象征着宗族的团结。

宗祠的初始基本功能是祭祀祖先,通过对祖先的祭祀,怀念祖先,寄托先人的精神,给所有的子孙一个"根",让所有子孙后代都能知道自己的来历,不至于迷失。宗祠的另一种功能是为族人修谱、进行文化研究。宗祠是一种纪念性的建筑,具有重要的文化象征意义。一方面,由于中国社会传统的宗族观念的影响,祠堂成为同族人供奉与祭祀祖先的场所,可谓收族敬宗的宗教意义上的引力场;另一方面,祠堂还是族长行使族权的地方,更是家族中重要的社交场所。典型的汉族祠堂,多为四合院式的院落结构,根据族人繁衍人口的多少以及权势的大小来确定宗祠的规模。祠堂内多搭有戏台与比武场，逢年过节时常会举行一些活动。

而在新时期的今天，除了作为"崇宗祀祖"之用外，宗祠又有了新的价值标准。各房子孙有办理婚、丧、寿、喜等事的，利用祠堂以作为活动之用。另外，族亲们有时为了商议族内的重要事务，也会将宗祠作为聚会场所。随着社会的不断发展，农村的城市化进程日益加快，大量宗祠被拆建为商铺或住宅，能保留下来的宗祠并不多。祠堂是我们祖先的"根"，我们没有理由不去保护。随着人们观念的改变以及"寻根热"的兴起，族人的凝聚力在不断加强，全国各地越来越重视文物古建筑祠堂，兴起了一股宗祠兴建、维修、保护的热潮，这对构筑和谐团结的乡村文化有着重要意义。

鉴于此，本书的出版旨在唤起人们对于宗祠的关注，以在社会发展的今天重新定义宗祠的概念，正确对待宗祠文化，继承并发扬先辈们的优秀传统。本书详细阐述了宗祠各个方面的文化意义，包括宗谱、姓氏郡望、宗族与族规、亲族习俗、祭祀制度以及宗族制度的演变等；介绍了各具特色的宗祠建筑，如晋陕宗祠、江南宗祠、岭南宗祠、台湾宗祠；详细列举了各个省地最具代表性的名门望族的宗祠，还有一些历史先贤名士祠，如曲阜孔庙、终南山老子祠、韩城司马迁祠、马鞍山司马迁祠、岐山周公庙等。文字简明扼要，语言通俗易懂，结构严谨有序。仔细加以阅读，必会有所收获。

祠堂是我们的根，是连接您我他的纽带，是家族（民族）的认同和归属地，是存放我们乡愁的陈列馆，是安放我们灵魂的栖息地，是华夏儿女的中国印，是中华民族特有的文化元素和家族情结。

第一章　宗祠的宗法文化

第一节　宗祠与传统文化 …… 002

宗　谱 …… 002
姓氏郡望 …… 004
宗族与族规 …… 008
亲族习俗 …… 015
宗族至上主义 …… 017
宗祠的祭祀礼制 …… 021
宗族制度的演变 …… 029
儒家孝道文化 …… 039

第二节　传承宗祠遗风 …… 044

宗祠倡族学 …… 044
圣贤宗祠里的忠义 …… 047
造神运动与生祠堂 …… 050

第二章 宗祠的建筑艺术

第一节 方圆阴阳好风水 ········· 056
- 慧圆行方的理念 ········· 056
- 天人合一的观念形态 ········· 057
- 宗祠的风水理法 ········· 060

第二节 宗祠建筑的地域特色 ········· 064
- 中规中矩求章法：晋陕宗祠 ········· 064
- 气韵灵动最绚烂：江南宗祠 ········· 069
- 高敞华丽而秀美：岭南宗祠 ········· 078
- 精致典雅齐争辉：台湾宗祠 ········· 082

第三章 名门望族的宗祠

第一节 湖北省名门望族的宗祠 ········· 088
- 大田村伍氏宗祠 ········· 088
- 阳新梁氏宗祠 ········· 090

第二节 浙江省名门望族的宗祠 ········· 094
- 鸬鹚湾村郑氏宗祠 ········· 094
- 俞源村俞氏宗祠 ········· 096

第三节 福建省名门望族的宗祠 ········· 099
- 洪坑村林氏家庙 ········· 099
- 汀州刘氏家庙 ········· 101

第四节　广东省名门望族的宗祠 ………………………… 105

松塘区氏宗祠 ………………………………………… 105
沙湾何氏宗祠 ………………………………………… 108
湖镇围胡氏宗祠 ……………………………………… 110
合族祠中的陈氏书院 ………………………………… 112

第五节　江西省名门望族的宗祠 ………………………… 119

汪山土库中的程氏祖堂 ……………………………… 119
蜀口村欧阳氏宗祠 …………………………………… 124
岳家村岳纳堂 ………………………………………… 127
车田村周氏宗祠 ……………………………………… 129
宜丰县天宝刘氏宗祠 ………………………………… 132

第六节　安徽省名门望族的宗祠 ………………………… 137

龙川村胡氏宗祠 ……………………………………… 137
西递村明经胡氏追慕堂 ……………………………… 141
歙县昌溪周氏宗祠 …………………………………… 145
磨店乡李鸿章报恩祠 ………………………………… 146

第七节　台湾名门望族的宗祠 …………………………… 149

金门琼林蔡氏宗祠 …………………………………… 149
苗栗县通宵镇马氏宗祠 ……………………………… 150

第四章　圣贤名士祠：德义功高垂千古

第一节　文贤武圣祠 ……………………………………… 154

曲阜孔庙 ……………………………………………… 154

衢州孔庙 …………………………………… 158

北京孔庙 …………………………………… 163

建水孔庙 …………………………………… 166

终南山老子祠 ……………………………… 169

蒙城庄子祠 ………………………………… 171

解州关帝庙 ………………………………… 173

第二节　诗家、书家祠 ……………………… 179

韩城司马迁祠 ……………………………… 179

绍兴王右军祠 ……………………………… 181

马鞍山青莲祠 ……………………………… 183

江油太白祠 ………………………………… 185

成都杜甫草堂 ……………………………… 186

岭南惠州苏轼祠 …………………………… 188

岷江眉山三苏祠 …………………………… 190

九江陶靖节祠 ……………………………… 192

潮州韩文公祠 ……………………………… 193

柳州柳侯祠 ………………………………… 196

崇州陆游祠 ………………………………… 198

大庾岭下九龄祠 …………………………… 200

第三节　忠臣良将祠 …………………………… 203

岐山县周公庙 ……………………………… 203

汉中留坝留侯祠 …………………………… 205

成都武侯祠 ………………………………… 206

杭州岳王庙 ………………………………… 209

代县杨令公祠 ……………………………… 211

合肥包公祠 ··· 212
台南延平郡王祠 ·· 214
浙江淳安海瑞祠 ·· 217
福州林文忠公祠 ·· 218

参考书目 ··· 222

第一章
宗祠的宗法文化

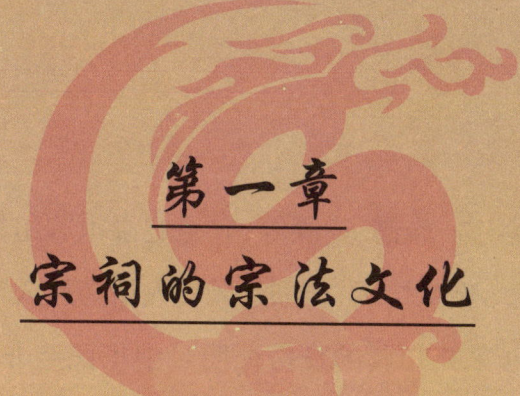

在我国的封建社会中,宗祠是血脉的殿堂、祖先的象征,是正俗教化、族人聚集的场所。中华民族有着悠久而辉煌的五千年文明史,传统文化丰富多彩、源远流长。宗祠文化作为其重要的组成部分之一,萌芽于殷商之前的远古时期,其文化积淀显而易见。

第一节　宗祠与传统文化

■ 宗　谱

宗谱，又称家谱、族谱、谱牒等，它是记录家族组织活动的档案资料。宗谱是家族起源、世系传承、迁徙、风俗人情与族人等情况的历史记录，是一种证明自己家族归属的身份证明。中华民族非常重视宗族观念、世系传承，这源于对祖先的崇拜、对名人的推崇、对家族世系的辨识以及政治经济方面的相关需要，宗谱作为一种表达方式就这样产生了。宗谱凝聚了中华民族数千年的灿烂文明，并带有独特的时代印记。时至今日，宗谱俨然已成为中华儿女精神世界中"根"的代名词，体现了一种对于家族凝聚力以及民族、文化归属感的诉求。

编修宗谱始于宋代，盛于明、清。修谱的目的是"溯渊源，分疏戚，序尊卑"，许多家族都把编纂宗谱作为后世子孙的一项义务写进了族规。重修宗谱的年限不等，宗谱所载内容详略不一，通常除记载全族的户口、婚配和血缘关系之外，还记载有全族的坟墓、族田族产、祠庙等的方位、数量以及管理使用办法、家族的规约训诫、修谱凡例义则、各类合同契约文书等等。一些记述较为详尽的宗谱，还记载有家族历代的重大事件、与外界的纠纷、可嘉奖的人物传记、名人传记、科举出仕以及义行节烈等等，重点记载的是家族的世系源流与血缘系统，以防血缘关系紊乱而导致家族瓦解。在宗谱中，家族迁居始祖之下的代系排列严格分明，不容混淆，这通常也是宗谱中最具史料价值的一部分。

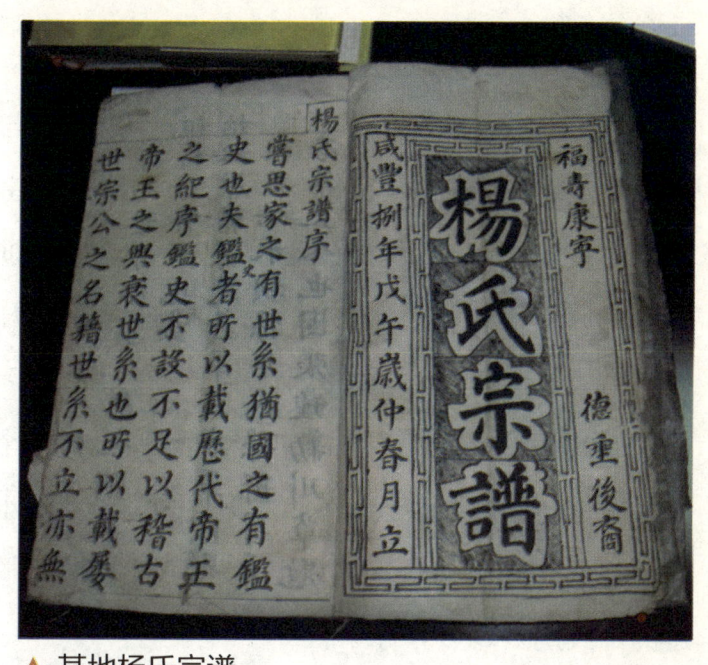
▲ 某地杨氏宗谱

"宗谱"这一名称在元代时最为流行。元代"宗谱"一词的流行以及江西地区修谱之事盛行，表明了特定的社会历史特征。元人认为收族，尤其要收那些出了"五服"的族人。元代的修谱举措得到士大夫的大力提倡，宗谱的写法虽在生卒、继承、劝诫方面表现出了一定的伦理和宗法要求，但远远没有后世一些宗谱那样对宗法与伦理要求得如此严格。元人宗谱重于说教，但理学思想对宗谱的渗透似乎不那么强烈，这一情形的原因与元代宗谱及政治的关系不大。元代谱序不像后世的谱序那样谈论修谱收族以佐治，培养族人为顺民，视修谱为忠君报国的表现，将修谱纳入政权"以孝治天下"的范畴。应该说，元代宗谱是元朝政权荒于文治、士大夫在异族统治下自我保护、强化血缘及地缘关系的体现。

■ 姓氏郡望

郡望，其本义为一个郡中的望族，是"郡"与"望"的合称。"郡"是始于先秦、盛于秦汉、魏晋时期的一种行政建制、行政区划，在唐朝之后逐渐被废除。"望"指的是"望族"，即有声望的姓氏大族。这些宗族世代聚族而居在某个固定州郡之中，因人才辈出、门楣光耀而为当地人所仰望与敬重，成为该郡望族，故称"郡望"。后来，"郡望"还被用来指一个家族的根源与发源地，即一个姓氏或家族的郡望，就是指这个姓氏或家族所发源的那个郡。一般的小姓有一到几个郡望，而大姓郡望则更多。宗祠以显赫位置标示姓氏郡望，与历史上曾经有过的姓氏别贵贱、分尊卑。

作为血脉延续的姓氏，中国的姓氏随着社会的不断发展与变迁，绵延不绝。据最新的研究统计结果显示，中国人曾经使用过的姓氏高达两万两千个，而其中不少姓氏都有上千年的历史。中华文化的统一性与连续性在姓氏的传承之中得以很好体现。在最新公布的2015版《百家姓》中，姓氏人口总数在两千万人以上的姓有10个，其中，李姓占全国人口总数的7.94%，王姓占全国人口总数的7.41%，张姓占全国人口总数的7.01%，其余刘、陈、杨、赵、黄、周、吴七个姓氏的人口也都在2400万人以上。这些姓氏之所以能够拥有这么庞大的人口数量，是因为它们曾是中国历史上的"国姓"或"世代名门大姓"。

姓氏早在母系社会时就已经出现。当时，各个氏族为在往来中表明自己的身份，用自己的氏族图腾作为标志，图腾的徽记便是姓的雏形。氏始于父系社会，是姓族中的重要支系，随着私有制的产生而出现，代表着功勋与地位。西周时实行"分封制"，皇亲与有功之臣都以封地为氏，这又使氏的数量远远超过了姓。先秦时期，姓与氏含义的区分也就更明显了，姓代表血脉关系，同姓之间禁止通婚；氏则是从姓中衍生出来的分支，是特权与地位的象征，用以别尊卑，有氏者为贵。秦代废止了最初的宗法分封制度，而实行的是郡县制，氏失去了代表别尊卑的意义，逐渐与姓合用，成为了父系社会血缘承袭的重要标志。中国现在大部分的姓，就是承袭的产生于周代的氏。

周朝初期，为控制已经征服了的地区，周天子大规模地分封诸侯，周武王、周公旦与周成王先后把土地分封给兄弟、亲戚与异姓功臣等，建立了七十一个诸侯国，其中有武王的兄弟十六人，同姓贵族四十人。而这些诸侯国的后人即以封国名为氏。据统计，由周王室同姓封国得氏的有四十八个，由异姓封国得氏的约有六十个。此外，各诸侯国又以同样的方法对国内的卿大夫进行分封，即大夫的后代以所受封邑的名称为氏。经过层层分封，以封国、封邑名称为氏的如雨后春笋般出现，可以说，周朝是我国氏的发展最为重要的时期。姓氏合流以后，从古至今，中国人所使用的姓氏大多数是由姓派生出来的氏演变而成的。

秦、汉时期，"姓"与"氏"逐渐合而为一，统称"姓氏"。伴随着门阀制度的形成，"郡望"就成为彰显各世家大族社会地位与高低贵贱的重要标志，并区别于同一姓氏中的士族与庶族、豪门与寒门。

任何姓氏均源于自己的祖先，不到重大时刻是绝对不容变动的。然而，历史中由于诸多外力的影响，却使得改姓现象极其常见，这些均源于赐姓、避讳、避难、少数民族汉化、入赘、收养、字体简化等多方面原因，这些改姓的现象几乎贯穿于中国五千年文明的始终。

在门阀制度下，门第阀阅是指那些世代显贵、影响深远的贵姓宗族的家门，因无比显赫并世代传承，被称为"高门宗祠著姓"。它始于西汉末年，盛行于南北朝时期，此时"举秀才，州主簿，郡功曹，非四姓不选"。这"四姓"分别指的是以王、谢、袁、萧为代表的"侨姓"，以朱、张、顾、陆为代表的"吴姓"，以王、崔、卢、李、郑为代表的"郡姓"以及以元、长孙、宇文、于、陆、源、窦为代表的"虏姓"。这"四姓"出身的子弟，可以高居要职；而与之相对的"寒门宗祠庶姓"子弟即使是满腹才华，也只能苦于英雄无用武之地，仅会出任低级官吏而不能升迁，沉沦一生。

北魏时期，孝文帝拓跋宏于太和十九年详定姓族制度，确立了门阀序列，其中，范阳（今河北涿州）卢氏、太原（今山西太原）王氏、荥阳（今河南荥阳）郑氏、清河（今河北清河）崔氏以及陇西（今甘肃临洮）李氏最为尊贵，被称为"五姓"。到了唐朝，这五姓加上博陵（今河北安平）崔氏、赵郡（今河北赵县）李氏，被合称为"五姓七家"。这五姓世代显赫，如，两支崔氏在唐代出任宰相的多达27人，五品以上的官员有400余人，时人称其为"宰相之姓"。

国姓，就是王朝皇室的姓氏，可见其地位不容小觑。将国姓赐给异姓大臣是历代帝王收揽人心的一种重要手段。汉朝赐有功之臣刘姓，并规定凡是刘姓人家均可免除徭役，享受"六百石"的中级官吏待遇。唐朝更将赐姓的范围进一步扩大，汉族的徐、邴、安、杜、胡、弘、郭等姓，少数民族的单于、阿布、阿跌、舍利等姓都被赐为李姓。这种"赐姓"对于中国姓氏的发展影响巨大，由此产生了人口学上的"马太效应"，使国姓逐渐变成了大姓。唐代由于赐姓，李姓得到了跳跃式的发展。及至宋代，李姓约占当时全国人口的7.2%，为宋代的第二大姓。除了李姓外，赵姓作为国姓在宋代排名第三位，仅次于王姓、李姓。王姓虽然不是国姓，却排在了第一位，这就涉及到前面提及的"著姓"了。身处"高门""著姓"之列的太原王氏、琅琊王氏成为带动王姓人口大发展的一个重要因素。而张姓的发展状况则与此相同。

据记载，宋代人口排名前四位的分别为王、李、赵、刘四姓。而2015年的数据显示，排名前四位的是李、王、张、刘。赵姓虽排第七位，但仍位于前列。通过对比可以发现，在千余年前人口姓氏的格局就已经形成，而因国姓、贵姓得到发展的姓氏成为大姓。此后，随着庶族地主阶层的兴起以及科举制度的盛行，士族阶层逐渐消失了。而伴随着封建社会的终结，国姓、贵姓也退出了历史的舞台。

魏、晋、南北朝时期的"九品中正制"将姓氏郡望作为选拔人才、任用官吏的重要依据，不同郡望品级的人所被授予的官职不同，不同郡望品级之间也不能通婚，形成了"上品无寒门，下品无士族"的局面，在国家谱牒中抢占显要地位的名门望族控制了整个社会政治、经济生活。高门望族为了维护其特殊地位，往往会在高门之间自组婚姻以保持"血统"的纯正。由于郡望与一个人的政治生活、社会交往、婚丧嫁娶都密切相关，故而受到时人的特别关注。不少人千方百计都想挤进等级较高的姓氏郡望中，称为"冒籍"，但一旦被查出来都会受到严厉处罚。

由于隋唐推行科举制度，及至唐朝中期以后，郡望与姓氏等级的政治作用才逐渐减弱，更多地表现出一种自我炫耀的身份象征。宋以后，郡望一般只是表示某一姓氏支族的来历，象征身份地位的含义逐渐减弱。

如今，我们站定在历史长河之岸，细细品味这些姓氏郡望的个中意义。士族儒雅的门风与文化修养原本是其社会门第产生的基础，到后来又在士族自身建设及延续士族力量长久不衰过程中起着重要作用。士族的生活方式影响着社会的风气，士族的门第观、婚姻观、地望观融会在一起，形成了士族社会的地位观念，也是促使士族社会力量能够长久发展的重要因素，并影响着人们的社会生活。在士族制度消亡之后，这种地位观念仍能以传统观念的形式默默地影响着后世。时至今日，姓氏郡望的政治意义早已荡然无存，但人们仍然重视自己姓氏的来历和郡望，因为它是一种血脉的延伸，是一种文化的延续，是一种寻根念祖的传统思想意识。在当今台湾的2300万人口中，几乎每个姓氏都保留着传统的姓氏郡望，以示不忘对故土先人的追思。台湾同胞每遇红白之事，多在门前悬挂标有郡望的灯笼，以示世人。寓居异国他乡的华人，大多把自己的姓氏、郡望、家谱视为珍宝，常常与同姓、同郡望认亲联宗。近些年来，全球刮起了一股"寻根"之风，海外的炎黄子孙纷纷归国，寻根问祖，姓氏郡望成了他们谒祖朝宗、追祖寻根的重要依据。

■ 宗族与族规

社会史学者冯尔康认为，宗族是指源自一个共同的祖先，按照父系关系集聚而成的同姓成员。宗族结构是宗族群体内族人相互关系的特定方式。了解"五服"和"房"两个重要的概念，对于理解宗族结构非常重要。明清的法律与很多宗谱中都载有五服图，说明统治者与百姓均承认"五服"是区分族人亲疏的重要依据。

我们可以从五服制度来解读一下宗族结构。古人以丧服轻重与丧期久暂表明生者与死者的亲疏关系，因其分为斩衰、齐衰、大功、小功和缌麻五个服别，因此称为"五服"。明清时期，宗族中明确的父系祖先一般可追至始迁祖。所以，始迁祖以下的同姓成员皆可成为宗族一员。始迁祖往往是宋、元时期的人，已出了五服之列，即便是支派始祖，出五服者也比较多。

始迁祖一人繁衍成一族，产生了房族结构。始祖之下最初的分支，迁到外地的族人、五世之外的族人，常常另立宗祠，在宗族中称为支派，支派之下又设房分。简单的宗族结构一般在宗下有房分，较复杂的宗族结构在宗与房之间还有若干支派。宗族往往随着族众的繁衍而迁居异地，这种宗族结构实际上是血缘和地缘复合的结构。

宗族制度在很多方面是为了适应宗族的结构而产生的。在宗族管理方面，依据结构分层次管理，宗谱的世系表按照支派、房分制作，其叙例讲究世派的记载，标明居地。有的宗族又有宗谱、族谱和支谱、房谱的区分。祭祖更反映了房族的地位。祠祭有总祠、宗祠、统宗祠与支祠几种，分别祭祀始祖大宗和支祖小宗。祭祀时首先祭祀始祖，各支族人轮祭或派代表参加会祭，然后分层次由远及近祭祀支派祖先。

由房分形成的宗族结构，其结合力不同。有的宗族房支统属总祠之下，内聚力较强；而有的房支距始祖的世代、与始居地距离较远，关系疏远，只是修谱时通谱，同总祠的关系已形同虚设。基于宗法制大、小宗的原理，宗族各房支中，有长房与次房、嫡房与庶房之别，嫡、长房是宗族的核心。

宋朝的士大夫阶层，曾经利用宗族这个古老的自然共同体来维护并巩固自己的社会地位。宗族祭祀成了"收族"最好的手段。《仪礼·丧服》中有"收族者，谓别亲疏，序昭穆"。"收族"是以上下尊卑、亲疏远近的顺序团结族人，使不离散。在祭祖的过程中，主持祭祀的族长、宗子拥有绝对的权威，如同国之君主。宗族祭祀和宗族至上主义使家法族规的神圣不可侵犯的地位日益树立，为族权的实施提供了强有力的保障。通过祭祀过程中对死者严格的昭穆顺序的安排，通过编排宗谱世系表和大事记，明确划分了宗族内部的尊卑体系。通过这样的手段，宗族这个一度曾动摇过的体制又在宋代重新复活了。

士人将宗谱作为改造社会的工具，是宗谱政治化的表现。士大夫以儒家所倡导的"修身、齐家、治国、平天下"为己任，明代的一些士大夫则视修谱、宣传宗谱为完成这种使命的措施。明初大儒宋濂为了"化同姓"而"损益周制""凡月之吉，少长咸会先祠。拜谒毕，齿坐，命一人庭诵古训及拜法。诵已，长且贤者释其义而讽导之。书会者于名册。再会，使互陈其所为"（宋濂：《文宪集》卷7《俞氏宗谱序》），对于孝、悌、忠、信者予以鼓励，有悖戾之行者则予以惩处。

宗谱叙例加强教化，同样是宗谱政治化的重要表现。与宋、元宗谱相比，明、清宗谱更重视对族人的劝诫，通过褒贬以教化族人。明、清宗谱对于教化的加强，突出体现在对妇女贞节的要求和对族人充当贱业、有不轨行为者削名两方面。对妇女的贞节、名分要求，体现在诸多方面。如妾若生子可以入谱，反之则否；不论族人所娶妇女是改嫁还是本族女子再婚抑或族人娶再醮女，凡再嫁者一般都不书；休掉的妻子也不书。

伦理法制化是宗谱政治化的又一体现。明清时期的宗谱大量提倡伦理说教，并对能否实行者采取奖惩措施。明初方孝孺在本族宗谱中对族人的行为有如下要求："君臣、父子、兄弟、夫妇、朋友五者，天伦也。背天伦者，天之所诛，人之所弃，生不齿，死不服，葬不送，主不入祠，谱不书其名。"（方孝孺：《逊志斋集》卷1《宗仪九首·谨行》）

赣南客家一些地方的宗祠盛行挂祖宗像的做法，表示对祖先的崇敬与追思。祖宗在画像中被描绘得神采奕奕，若生前为官者则身着官袍，以显荣耀。有些客家宗祠在重要年节及婚嫁之时也要挂祖像。

族规，是指宗族内部由祖先遗留或族人共同制定的要求族人实行的规训，它通常刊刻在宗谱中，具有一定的宗族成文法的效力。

宗族作为血缘群体，其司法问题也披上了"宗族至上"的神圣光环。在宗族看来，族人的所作所为，重要的是光宗耀祖，退而求其次，也要恪遵祖训，不辱先人；如果做错事，就是对祖先不孝。宗祠族长对宗族争端的审理则是代祖宗行事，对祖先负责。在家庭生活中，宗族一般要求族人按照儒家的伦理观念处理家庭关系，做到父慈子孝，兄友弟恭，夫妻相敬如宾。对于大家庭，还就婆媳、祖孙、妯娌、叔侄、姑嫂、叔嫂等关系加以规范，明确双方的权利与义务。事实上，其中存在着尊卑贵贱的关系，尤其是歧视妇女，要求妇女闭门不出，生儿育女，相夫教子，孝敬公婆，埋头家务等。

宗族重视族内人际关系的和睦，族规家训多列有"睦族"之类的规定，要求族人既应处理好尊长与卑幼的辈分关系，又要调适富贵与贫贱的关系；如族人之间发生争端，要求大家以和为贵，在内部解决。

在本族同外族发生纠纷之时，如果是无关紧要的小事，宗族要求族人以忍让为先，如涉及祖先尊严和伦理纲常的"大事"则要求族人同仇敌忾，把宗族的荣誉与利益放在首位。总之，族规家训以儒家传统的伦理道德为行为准则，教导族人做一名正人君子，要求族人树立安分守己、乐天知命、与世无争的生活态度。

明代乡约初建于洪武时的《教民榜文》，改造于正德时期的王阳明，重建并普及于嘉、隆万时期。浙江、江苏、江西、安徽聚族而居的一些府、县地方官在推行乡约的过程中，还尝试着将乡约与宗族结合起来，在宗族中设立约长，宣讲圣谕，把宗族纳入乡约系统。

嘉靖以前的宗族组织形式具有多样性，既有受朱元璋里老制度影响而设立族老的事例，也有通过祭拜祖先的仪式加强族人和房派之间凝聚力的事例，还有要求宗族各自为约，统一设立《族范》，强调宋儒张载宗子法、吕氏乡约、程颐宗会、朱熹《家礼》对宗族建设的指导性。自嘉靖以来，明朝大规模推行乡约制度，其相当程度上是官府与宗族在维持基层社会秩序方面的共识，促进了官府与宗族的互动关系。

明嘉靖时期，修撰宗谱的首要工作就是确立始祖，希望通过祖先认同而发挥宗谱的功能。也正是在祖先确立后又开始了修建祖祠，希望通过祭祖来凝聚族人。所以，祖先认同，尊祖敬宗是维护宗族的前提，属于宗族的本质，而修宗谱、建宗祠、立族规则作为手段发挥着宗族的功能。

清朝入关之初，借鉴明朝的治国经验，于顺治九年（1652年）颁行"圣谕六言"于八旗及各省，清代的一些宗谱也载有此六言。清帝还制定了本朝的教民谕旨，康熙九年向全国颁布《上谕十六条》，表明清朝将教化作为治国的重点之一。雍正逐条解释《上谕十六条》，成为洋洋万言的《圣谕广训》，于雍正二年颁行天下。上谕、广训在清代达到了家喻户晓的地步，成为人民思想与行动必须要奉行的圭臬。清代宗谱族规家训中收录《上谕十六条》或据此制定族规家训者不胜枚举，有的宗谱还将《上谕十六条》刊于谱首。更有甚者，不惜工本，将万言《圣谕广训》收入到宗谱中。以皇帝教民谕旨约束族人的事实表明，明清时期的不少士大夫都把修谱作为了佐治的手段。

宗祠是我国封建宗法社会的特殊产物，随着封建社会的结束，宗祠的命运也发生了翻天覆地的变化。宗祠及宗族制度至民国时期逐渐衰落，承载着祖先珍贵创造力与情感的物质载体已然脆危。那饱含着先辈文化符码的形态一旦消失，便断然不能再生。文化良知催促我们去护持这些斑驳脆弱却秉承着中华民族精神的文化载体，挖掘其中深含的义理，扶正民族文化与自觉的人格。

新中国成立以后，尤其是"文革"的"破四旧"运动让宗祠遭受到了"灭顶之灾"，宗祠作为封建遗存被大量损毁，里面的楹联、匾额、雕塑等珍贵文物都被大量销毁。自改革开放以后，我国社会开始了城镇化的步伐，大量农村人口涌向城市，传统的宗法制度遭遇挑战，人们的宗族观念越来越淡薄，宗祠成为了一道渐行渐远的风景。二十世纪90年代以后，全球华人掀起了寻根热潮，许多宗祠得以修复，认祖归宗、联络同族的功能被继承了下来。随着旅游业的发展，宗祠的这部分功能也得到凸显。许多有名的宗祠成了经典旅游地，为当地带来了可观收入，部分宗祠迎来了一个新的面貌。

台湾学者李亦园根据台湾宗亲会的状况，认为宗族有弹性和坚韧性。李亦园称赞中国人在宗族组织上颇有变通能力，他就"唐山祖"与"开台祖"宗族出现的历史因缘说："中国人如何用宗亲办法来贯穿人与人的关系，或是以一个祖先为主，往下发展为原则；或是以现有的人合在一起，往上推，推到黄帝，以黄帝为祖先，一样可以把各族综合成为一个宗族。"尹建中说："从组织上，有些（宗亲会）变成西方式的，且讲究选举，所以中国的宗亲组织有相当大的坚韧性。"我们从绵延不绝的全部宗族历史中，确实看到了宗族的一些时代特征。

首先，宗族在吸收成员上具有开放性、扩展性。宗族成员在社会层面不断扩大，由初期主要是贵族扩延到了以各种平民为基本成员，领导人身份从世袭贵族转向有相对稳定地位的士族，继而是无传袭性的官僚，复又由仅有地方社会势力的绅矜所掌握，再转变成无法定身份的富人领导。宗族开放血缘限制，拓宽了成员来源。"宗"由血缘近亲的概念扩大为"同姓"概念，宗人范围因而大大扩张，宗族可以吸收的成员增加了。现代正式将族女作为宗亲会成员，甚至在自愿的前提下，族女之子女也可上谱，扩大了宗亲范围。宗族组织利用这些措施，保证了其成员来源的稳定性，并扩大了吸收范围，使其有了较广阔的社会基础。

其次，宗族具有崇拜祖先的灵活性。随着宗族的发展，民间祭祖代数逐渐增多，乃至可以祭始祖，进而发展为祭受姓之祖（初祖）。台湾宗族祭祖所出现的发展模式为：唐山祖—开台祖—受姓始祖，宗族祭祖范围越推越远，于是同姓人乃至特定的异姓人能够互认同宗，宗族成员范围就扩大了，使宗族组织发展有了灵活性。

最后，宗族在管理体制上具有改革性。宗族体制几经变革，从宗子制、族长制到会员大会与理、监事会制。宗族经济的内容和管理方法具有变通性，初期大宗以分封制给小宗土地收族，以维护大宗的地位；后来宗族拥有了祀田、义田、义庄田、书业田，经营田业，维护宗族祭祀和抚恤贫困族人；现代宗亲会办公司、经营企业，维持会务。

我国的宗族文化源远流长，涉及到我们生活的方方面面，影响深远。宗族的活力、生命力就在于它能够适应社会环境，随着社会的变化而调整自身的组织原则、组织结构和活动方式方法等。宗族以祖先崇祀为灵魂，以成员为活力，以管理为保障，以经济为条件，在这四个方面不拘陈规。这种灵活性与开放性，使得宗族具有了活力与坚韧的生命力。

■ 亲族习俗

中国自古以来就有"重土恋家、重视血缘"这一文化传统观念，这与中国人一生中所受到的关心与爱护主要来自家庭有关。从生态学来看，对家庭与家族的依恋是人类的生物性及社会性的双重体现。在传统社会中，家庭是构成社会的基本单位，亲族是形成社会结构的基石。亲族习俗是社会习俗得以生成的基础。人类学家将亲族制度的传承称为"最复杂、最迷人、最重要的社会组织方式，是以血亲、姻亲、祖先的关联为基础的组织方式"。

亲族关系的清晰划分与角色定位是社会群体最基本的结构原则，所有的其他社会组织结构都首先以亲族关系的组织结构为前提，做基础，成为传统社会赖以发展的基本依据。亲族社会的传宗接代所经历的亲系、亲等、亲属的社会民俗工程的传承是人类社会最有价值的传承。例如，在我国传统社会中的"九族制"和与其相关的"五服制"及它们对民间亲族习俗的深刻影响，就是民俗传承的重要课题。

"九族"的亲系，上推父、祖父、曾祖父、高祖父四代，下推子、孙、曾孙、玄孙四代，共计九代为直系血亲；以本人同辈横向推兄弟为第一旁系，堂兄弟为第二旁系，从兄弟为第三旁系，族兄弟为第四旁系，为同高祖之四世孙。按照上述的直系和旁系的序列再排出亲等的序列。

亲等是标志亲族远近亲疏的方法，"九族"的亲等，是以直系血亲从己身上下各数一代为一亲等，上下数隔一代为二亲等。姻亲方面则血亲的配偶要从其配偶的亲系和亲等。如此推衍，构成了一个庞大的亲族系统，无论直系与旁系、血亲与姻亲，都划分成长辈（尊属）、晚辈（卑属）及平辈（同辈）。在"九族"制的亲族关系中还贯穿着鲜明的男尊女卑的准则。所以，"九族"制又可划分为宗亲四亲等、外亲三亲等、妻亲二亲等的九个亲等的关系网，构成父系血统相续传承的四个亲等，母系血统相续传承的三个亲等与夫对妻之亲属的两个亲等为限的亲属集团。在我国的宗法社会中，家庭群体的一切行为都要依据封建的亲系、亲等标准。这些社会组织结构的标准规则的代代相传，造成了几千年的宗法性统治。

由上述社会传承决定的民俗传承很多，其中男女直系、旁系血亲，无论尊属、卑属或同辈亲属均不得婚配的乱伦禁忌制度，形成了同姓同宗不婚的习俗；族中死丧一律按亲系和亲等的序列，分别穿着五个等级的丧服，即"五服"制，并按亲族服制分别实行居丧三年、一年、九个月、五个月与三个月守孝的习俗。

我国是一个古老的农业大国，农耕聚族的形成是多种因素造成的。人们聚族而居，为的是形成一股合力，共同抵御来自自然界或社会方面的侵袭。我国自然村落的构成主要有以下三种类型：一是由单一家族的发展而形成村落；二是以亲族关系联结起来的由几大家族或几大姓氏所组成的村落；三是以杂姓移民所形成的聚居村落。

聚居村落的形成不仅有着复杂的社会因素与文化因素，同时还与地理生态环境因素有关。乡土意识和地缘群体观念是建立在深厚的地缘经济基础之上的。在传统社会里，一村一落，聚族而居，久居一地，守望相助，使同宗同姓的人们获得了近距离交往的空间优势，共同生活、互相互助，使得情感也愈加亲密。

■ 宗族至上主义

宗祠，又称为祠堂、祠庙，是我国古代供奉祖先、举行祭祀活动的场所。宗祠记录着家族的辉煌历程与优良传统，是家族的圣殿、宗族的象征。

传统文化中的一种对血脉的崇拜观念，无疑是宗族至上主义，它形成了一套体系完整的"血脉习俗"亚文化系统，对中国社会文化的发展产生了巨大影响。血脉习俗主要包括祖先崇拜、求子仪式、编修家谱、家族复仇等几个重要因素。宗族至上主义的形式主要有建祖庙、修宗祠、祭祖、修撰家谱。在传统社会中，宗祠、宗庙是各类祭祖仪式开展的场所，是我们认识传统文化宗族至上主义的历史见证。古人通过祭祖，以认族、敬祖、归宗，由此奠定社会稳定的基础。家谱是家族血脉的谱系记载和规约条文，是我们认识传统文化宗族至上主义观念的非物质文化遗产。

宗祠是家族的司法"公堂",宗祠的这种公堂性质是与它的宗族至上主义相一致的,旨在防止家族中出现不肖子,让家族的血脉永远纯正。为了使家族血脉得以延续,在宗祠神位前举行婚礼,符合宗祠的宗族至上主义主题。

从社会角度而言,家庭是构成社会的最基本单位,亲族是形成社会结构网络的基础。家族、宗亲习俗是社会习俗生成的基本条件。在我国汉族的传统观念里,家族与家庭是两个没有严格界定的概念。家庭成员世代繁衍生息,使得原有的小家庭逐渐发展成为大家庭、家族,乃至宗族。著名思想家梁漱溟认为,中国人一生中所受到的关心与爱护主要来自家族。中国是伦理本位的国家,家庭与宗族在中国人的生活中占据着非常重要的位置。从生态学的角度而言,"重土恋家、重视血缘"这一文化传统观念实则是人类的生物性和社会性的双重体现。

姓氏作为家族血脉延续的一个重要标志,始于公元前约3000年,并随着社会的不断发展而绵延不绝。据相关学者统计,中国人使用过的姓氏高达2.2万个,其中有相当一部分姓氏已有上千年的历史。中国文化的连续性、统一性,在姓氏文化的世代传承中发挥出了巨大的作用。

宗祠作为祭祖的重要场所,民间宗祠与皇家宗庙同源而异流。汉代的宗祠多为石质,建于墓前,又被称为"石室"。石室内的壁画风格独特。魏、晋以后,民间宗祠的发展相对较为缓慢。北宋时期曾出现过一些特殊的"宗祠",如王安石死后,在其江西抚州故居,当地官员修建了"荆国王文公祠堂"。宋代民间家族组织建立自己的宗祠,与理学的兴起有关。由于理学以儒家学说为中心,有家规"孝为百行之首"之说，宗祠关乎孝道名分、家族命运，名宦巨贾、姓氏望族，诸如此类均以宗祠显其本。南宋以后，由于借血缘关系以约束族众已成迫切的需要，所以官僚士大夫纷纷依朱熹《家礼》的规定，建奉祀高、曾、祖、祢四世神主的宗祠于正寝之左。南宋至明初的宗祠，皆指的是祀于寝左之宗祠。

南宋理学家朱熹在《家礼》中制定宗祠之制的同时提出了"置祭田"，以作为维持宗祠、家族活动的经济基础。把朱熹制定的那种附于居室之左的宗祠迁居室之外，成为独立的"家庙"，是从明中期以后才逐渐开始的。明初曾规定："官家宗祠沿《家礼》之旧制，庶人可以祭祀祖父母、父母。"洪武十七年（1384年），明朝统治者采纳唐县知县胡秉中的建议，将庶民祭祀两代祖先改为曾、祖、祢三代，并将士大夫祭祀四代的牌位顺序改为了"左昭右穆"序列。准许官僚士大夫立庙祀祖，是在嘉靖十五年确定的。从此，庶民之家可立家庙，祭祖里的等级差别由此而缩小。

明清时期，宗族制度发展较为成熟，祭祀作为家族的重要活动受到了人们的高度重视，宗族至上主义的宗祠成为家族凝聚力的象征。因此，在族规家训中，突出了"立宗祠""重祭祀"一类的鲜明观点。宗族至上主义的宗祠营建便成了全体族人共同的主导意识。明代后期至清代，宗祠的建置集中于聚族而居的一些南方地区。以江西省为例，据乾隆二十九年（1764年）统计，全省同一姓氏宗族建的宗祠有89处，各地亲族独建的宗祠有近9000处，在总计拥有78个州县的江西省，几乎每一个村镇都有宗祠。祭祀的对象主要是始祖、先祖与其下以德、爵、功著称者。在宗族至上主义、先祖崇拜心理的支配下，祭祖通常可溯至数十世之远，有的大宗祠甚至推以年代久远的将相为其始祖，如周姓祖后稷、姜姓祖姜尚、吴姓祖太伯、袁姓祖袁绍，等等。祭祖是一般宗族所重视的礼俗，旨在追本溯源，尽忠尽孝，团结宗族，辨彰血脉。

宗祠在宗族成员心目中的位置，实际上要远远高于在宗祠中完成的各种纷繁的具体功能。设立宗祠的目的，是通过对祖先世系的追溯来探寻自身肉体、精神与文化的"根"，即"报本反始"；"祭神如神在"不仅在肃穆的祭祀仪式中，而且在日常生活中，均将祖先的遗训与祖先的恩德当成无声的至高命令，时刻感觉到祖先神灵的呼唤，真诚地尊崇祖先正体的延续者：宗子，即"尊祖敬宗"。"报本反始"体现的是宗族的归属感与历史感，"尊祖敬宗"体现的是宗族的责任感与道德感。这四种心理追求构成了宗族意识的形态架构。宗祠之所以能够成为宗族实现整合的标志，就在于它以浓缩的、象征的形式，把原本不无虚幻的心理感受显现了出来，使之成为一种实际的力量。

宗祠通过两类不同的形式来体现其特殊的象征意义。一类是正面、直接表达宗族的历史感、归属感、道德感、责任感这四种心理感受的形式，如见于各类宗祠中的楹联、匾额。另一类是反面体现宗祠"敬宗收族"象征意义的形式，威胁违反宗族规范的族人"出族""不予入祠"。这样做便触动了族人最为敏感的神经，将宗族价值规范的源泉与基础提到了一个制高点：假如或生或死都不被允许进入宗祠，断绝一个人与宗族祖先之间的联系纽带，沦落为"孤魂野鬼"，这是最悲惨的结局。历史感、归属感、道德感、责任感，关系到宗族存在的根本目的，关系到族人与宗族之间真正的结联。

■ 宗祠的祭祀礼制

远在商周时期，宗庙祭祀所表现的宗法关系是贵族政治等级关系的象征。作为祭祀祖先的场所，民间的宗祠与天子的宗庙等都是宗族至上主义的现实产物，对维护以宗族为中心的宗法制度具有极其重要的作用。因此，历代统治者都十分重视宗庙祭祀，并且极力维护宗庙祭祀制度。

古人认为宗庙是一个非常神圣的地方，故有曰："君子将营宫室，宗庙为先。"由于周代实行的是贵族政权，社会各阶层所拥有的宗庙数量须受《礼记·祭法》的约束，有非常严格的等级规定：

（一）天子七庙。考庙（父）、王考庙（祖父）、皇考庙（曾祖）、显考庙（高祖）、祖考庙（始祖），此五庙一月一祭；另有二祧庙（一昭一穆），高祖以上远祖入祧庙。祧庙不受月祭，只在冬至时接受一次祭祀，称为"尝"。

（二）诸侯五庙。考庙、王考庙、皇考庙，此三庙受月祭；另有显考庙、祖考庙，受"尝"祭。大夫三庙：考庙、王考庙、皇考庙，均只受"尝"祭。显考与祖考不另设庙。

（三）上士二庙。考庙、王考庙，但也是仅受"尝"祭。皇考以上都不另设庙。

（四）中士一庙。考庙、王考无庙。庶人不设庙。

在先秦时期，按照《礼记》的记载，不同阶层祭祀祖先的场所与方式均有很大差异。其中，庶人没有资格建立宗庙，只能"祭于寝"。"凡家屋有前堂（前厅）、后室（内堂）两重者，以后室东一间藏先世神主于其中，名曰家堂（影堂）；即无两重者，只以前堂栋北架柱间，立壁以分其半而藏神主于后半之西壁东向，置一厫阁以安之，其名同前。"

战国之后，随着政治等级制度的进一步深化，人们开始有区分地对待，将"宗庙"专归于帝王阶层所设，建立国家宗庙系统；而帝王以下各阶层宗族祭祀本族祖先的场所，则称为"祠堂"。当时的宗祠，多数是建立在墓地边上的，而后世是将宗祠建于宗族居住地中心的，它也不一定都为宗族所有。许多官吏在任期间政绩斐然，当其调转升迁，当地的百姓为抒怀纪念之义，集资为其建造"生祠"，汉代开始兴起此风。

汉代的宗祠多为石质，大部分建于墓前，因此通常称为"石祠"或"墓祠"。魏、晋至唐、宋期间，民间宗祠的发展仍然十分缓慢，没有相对固定的建筑风格，但唐代时出现了较为完备的家庙制度。唐开元二十年朝廷颁布"开元礼"，规定："凡文武官二品以上，祠四庙；五品以上，祠三庙；六品以下达予庶人，祭祖祢于寝。"（《大唐开元礼》卷三）唐朝末年又进一步放宽官员立庙的标准。政府鼓励官僚士大夫建立宗祠，然而，当时建造祠庙的事例仍然很少。

五代时期，战乱不断，礼制被打破，士大夫无袭爵，故不建庙，四时寓祭于室。到了宋代，开始允许官员建立旧式家庙。徽宗大观二年，皇帝决定"文臣执政官、武臣节度使以上祭五世，文武升朝官祭三世，余祭二世"（《宋史》卷一百九）。意思是说，从三品以上的官员祭五世，正八品以上的官员祭三世，从八品以下的官员及庶人祭二世。

宋代谨记历史，为防止再次出现豪强割据的局面，曾严令禁止各类宗族设置家庙。皇祐二年，宰相宋庠"乃始请礼官定议"：可以立三庙者，是三品以上的官员，允许庙祭者均为高级的官僚。仁宗庆历元年颁布敕书，"许文武官立家庙"。(《宋史·宋庠传》)仁宗皇祐年间，朝廷正式下令，允许大臣们建立家庙，逐渐恢复了唐朝旧制。从此，"官宦之家可设家庙，祭高祖以下五代"。(《宋史》卷一百九《礼志·吉礼·群臣家庙》)。据《宋史》载，南宋时有秦桧等13名官员朝廷批准可建立家庙。

两宋时期，社会的变迁与家族消长速度加速，宗庙旧制已不能适应社会的发展。朱熹有言："今以报本反始之心、尊祖敬宗之意实有家名分之首，所以开业传世之本也。"(《朱子·家礼》)，朱熹的《家礼》规定了宗祠的一些制度，对宗祠的位置、神主的摆放、祭田、祭器、晨谒、参告、献时食等做了具体规定，并将冠礼、婚礼等一些活动纳入宗祠之礼，确立了宗祠在宗族中的中心地位。

但完善的汉人宗族宗祠系统是明中期以后逐步完善，到清初才确定了下来的。朱熹的《家礼》创立宗祠之制。一些学者认为，明代的祭祖礼制实际上是将《家礼》国家制度化了。明代宗祠的建设与发展，是在《家礼》的普及与士大夫的推动之下发生的。明代的一些祭祖礼制的改变在社会上起到了很大作用，如洪武十七年将庶民祭祖由二代改为三代，嘉靖十五年(1536年)允许官民祭祀始祖，要求官员建立家庙。"议大礼"的推恩令导致嘉靖十五年家庙及祭祖制度的改革，特别允许了庶民祭祀始祖，更在客观上强化了宗祠的普及。

元代是祭祀礼制荒疏的时代，被朝廷正式准予建立家庙的大臣也只有右丞相拜住一例。元代史料表明，当时仍有一些大臣建立家庙，特别是宗祠，宗祠在民间得到了长足发展。一些人按照《家礼》设计并修建了本族的宗祠。元代社会祭祖较之宋代，其范围有所扩大，出现了一些祭祀始祖的大宗祠，建造地点并非紧连住户居室，而是另择建地。他们修建宗祠的原因主要有两点。第一是报恩，人们将出仕、旺祖看成是祖先荫庇所致，为报祖德而建立宗祠以祭祖。第二是合族，祭祖除了有表达对祖先的哀思的作用外，还有用祖先的血缘纽带联结族人，加强凝聚力的作用。元代宗祠的形成，通常是由著名祖先个人的纪念性专祠转化为宗祠，或在祖先故居建立宗祠，便于缅怀祖先，起到收族之效。

明朝统治者十分重视官绅士民立家庙祭先祖一事。明初规定了官家宗祠沿《家礼》之旧制，庶人可祭祀祖父母、父母。洪武六年又复颁了这一规定。洪武十七年，明朝统治者采纳胡秉中的建议，将庶民祭祀二代祖先改为曾、祖、祢三代，并将士大夫祭祀四代牌位的顺序由自西向东一字排开改为左昭右穆。成化十一年，国子监祭酒周洪谟建议整顿宗祠之制，上疏请求"令臣庶祠堂之制悉本《家礼》""一品至九品各立一庙"（《宪宗实录》卷一三七）。允许官僚士大夫立庙祀祖一事是在嘉靖十五年确定的。这年礼部尚书夏言上《令臣民得祭始祖立家庙疏》（《桂州文集》卷十一）。"乞诏天下臣工建立家庙""化民成俗"，教育百姓遵礼守法。皇帝准奏，下诏"许民间皆得联宗立庙"。开禁后，宗祠在极短期内就遍布于天下。从此，庶民之家可立家庙，祭祖领域里的等级差别得以缩小，家族规模也由此得到了不受限制的发展。

康熙颁布《上谕十六条》与雍正的《圣谕广训》明确号召建立家庙，祭祀先祖，和睦宗族，遵从律例。《大清通礼》规定：品官于居室之东建家庙，奉高、曾、祖、祢四世，每年四季择吉日祭祀。庶士、庶人于正寝之北为龛，也可以祭祀高、曾、祖、祢四世祖先。此外，士庶、庶人也可为族人建立宗祠，允许家庙之礼行于宗祠。

　　清代对于各阶层的"家祭"礼制定了一些规矩，分为亲王世子郡王家祭、贝勒贝子宗室公家祭、品官家祭、庶士家祭、庶人家祭五类。除贵族外的品官、庶士、庶人是清代社会的主体，他们的祭祀情形具有普遍意义。具体规定是：品官于居室之东建家庙，一品至三品官，庙五间，中三间为堂，阶五级；四品至七品官庙三间，中为堂，阶三级；八、九品官庙三间，无堂，阶一级。奉高、曾、祖、祢四世，每年四季择吉祭祀。庶士、庶人于正寝之北为龛，也祭祀高、曾、祖、祢四世祖先。（《大清通礼》，光绪《大清会典事例》《礼部·家祭》）官民祭祀的主要区别是，官可予居室之东"立庙"，民则在家之正寝之北"为龛"。在籍进士、举人以七品官，贡生以八品官的资格建立家庙。进士一般都出仕，在籍者较少，未出仕而在籍的举人、贡生很多，允许他们建立家庙，是把官员的权力给予士人，这是祭礼标准下移的体现，清代因此建家庙的数量较多。清代品官所立的"庙"，实际上就是宗祠，只是"复古制称庙"而已。而至于士庶之家，则可"别立宗祠"。

　　清代民间修宗祠祭始祖，是明嘉靖以来宗祠普遍化的继续。民间有宗祠祭始祖是整个清代普遍都存在的现象，不仅是在民间，官员们也在家庙中祭祀始祖，且为官僚们所认可。既然士大夫多违反家庙制度建立宗祠，有关家庙的规定就形同虚设了，宗祠与家庙也没有必要加以区分。清代存在宗祠、家庙相混的现象十分普遍，祠庙建置的地点、祭祀对象本身的名称同礼制的规定多有不同。但是朝廷希望提倡建家庙，以推行孝治。因此，清朝祠庙与祭祖礼制基本上是一种虚设的文字。

这一时期，家族活动较元、明时期更为活跃，组织者希望实现"尊祖、敬宗、收族"的理想，团聚族人，实行自我管理。在聚族而居与家族制度发达的地方，建立宗祠祭祖已是一种普遍的社会现象。江西、安徽、浙江、福建、湖南、湖北、四川等地"皆聚族而居，族皆有祠"。清代宗祠普遍兴建，"居家变祖祠"得到了普遍的提倡。更有甚者，徽州的一些单姓宗族聚居村常常是"社则有屋，宗则有祠"；而在多姓杂居的村内，也是"族必有祠，族必有长，以祠统家"。

清代所创立宗祠，是宗族组织的总机构，族大人众的家族，依照家规，宗祠有大宗祠、小宗祠、支祠、分祠等的区别。宗祠组织机构管理人员，拥有治理一族事务的权力。宗族的成员，在家庭之外，受宗祠管辖，参与宗祠的活动，要把自身的生活、命运与宗祠联系起来。

清代宗祠多是以辈分和权势来安排祖宗牌位，宗祠祭祀用以维护宗族等级制度。被祭祀者，主要是一族先祖，其次是有功名的官员和有钱财的先人，再次则是有善行的先人，最后是本宗族的一般平民祖先。

据《大清通礼》记载："亲王、郡王庙制为七间，中央五间为堂，左右二间为夹室，堂内分五室，供养五世祖，左右夹室供祧迁的神主，东西两庑各三间，南为中门及庙门，三出陛，丹陛绿瓦，门绘五色花草等；贝勒、贝子家庙为五间，中三间为堂；一至三品官员家庙五间，中央三间为堂；四至七品官员家庙三间，一堂二夹；八、九品官员亦为三间，但明间阔，两夹窄。"（《朝文献用考》卷一二四《品官家庙》）

清代对祠庙建筑做了详尽的规定，从亲王的七间、丹陛、彩绘、绿琉璃瓦，到八、九品官员的三间家庙。建筑规模不同，间数不一，台阶不等，一看家庙式样，就可知道官僚家族的身份地位。庙堂、祭品、祭器、食馔的差别，充分显示出品官家庙礼法中的等级制度。在官本位的社会，民间祭祀必然会效仿品官之制；一些宗族中的官员必然会搬用官场中的祭祖等级形式，以显望族，以别族人，无论生死，都要给位高权重者以特殊的地位。这是封建等级制社会基本制度的鲜活体现，影响社会成员的生活至深至广。

清代的一些望族，在某时、某地出现过名人的家族，更以兴修宗祠为荣耀。安徽、福建、广东、山东等地，都相继修建了不少宗祠。这些宗祠规模较大，建筑艺术与装饰艺术都比较突出，在我国的祠庙建筑史上留下了浓墨重彩的一笔。我国宗祠建筑的位置与布局分为三类：由先辈的住所改建而成的宗祠；按《家礼》"正寝之东设四龛"，供奉与祭祀父亲、祖父、曾祖父、高祖父四代先祖；在居室之外另行修建的宗祠。在中轴线上，从前往后，依次建有牌坊、照壁、大门、享堂与寝堂。这三类宗祠，大多具有浓厚的地方建筑色彩，民居与园林气息较为浓郁。有的宗祠因为处于少数民族聚居地区，还带有浓厚的民族色彩。

总之，宗祠的祭祖，是祭祀始祖与先祖。始祖是专祀，各宗族所祭始祖的标准不太一样，尤以祭始迁祖为多，而始迁祖往往是最早做官迁往外地者。对享受祭祀的先祖有一定的选择条件，一般是强调辈分或德、爵、功。宗祠祭祀仪式是仿照《家礼》进行的。

宗祠作为家族声望、地位、经济实力和宗族凝聚力的象征，宗祠的营建便成了全体族人共同的意愿。徽商、闽商、晋商、粤商等商帮巨贾，凭借其雄厚的财力，广置祭田，大修宗祠，以希望世代富贵、光宗耀祖。

当地至今仍保存有大量的宗祠建筑，宗祠的建置尤其普及于聚族而居的南方地区。以江西省为例，据乾隆二十九年统计，全省同一族姓建的总祠共89处，各地一族独建的祠近9000处，在一共拥有78个州县的江西省，几乎所有的村镇都有宗祠。祭祀对象，主要是始祖、先祖与其下以德、爵、功著称者。

性质特殊且规模巨大的合族祠，也称为联宗祠，在大多数情况下是联宗的表现。一些著名合族祠，其实已不是宗族组织，而是宗族间的一种同姓地域的组织。

宗族通过兴建宗祠、续修家谱和设置族田等活动，希望维系宗族的发展与壮大，宣扬封建伦理道德思想，以达到教化人心与稳定社会的作用。专家分析，尽管家庙与宗祠同为祭祖之所在，均与《家礼》

▲ 庙会祭祀活动

有着直接的关系，但是建立家庙者多为高级官僚，等级观念重，家庙名称背后蕴含着特有的社会文化意义。

古人祭祀主要是为了寄托对祖先养育恩情的感激与追念，报答自然神祇护佑的恩泽，为今人祈求福祉，保平安，宣扬血统、特权等祭祀制度的合理性，在无形中传承"宗法""礼教"。

祭祀活动的本义在于人们观念性的诉求、宣示与表达，并没有过高的需求。

宗祠祭祀是一种精神紧密连接的韧带。通过祭祀祖先的活动，加强了宗亲血缘之间的关系，促进了宗族内的情感融合，促进了各支族之间的往来，强化了族内人员的凝聚力与向心力。更重要的是，通过祭祖强调了家族内部的阶层尊卑，宣扬了以孝、悌、忠、信为核心的儒家伦理道德，最终让族人不逾规矩，循守礼法。

中国的祭祀文化是一种复杂的文化体系，其功利性目的使很多近似于宗教性的内容与历史内容、神话内容混合在一起，这就使得后世之人很难厘清各种祭祀活动内容最初的本义与清晰的传承关系，这一难题与繁杂的功利目的又使得原本不清晰的祭祀内容变得更为复杂。由于祭祀文化本身的特殊性，其发展趋于简单的程序化模式，很多内容完全背离了它最初的本旨。但又由于祭祀文化的产生要早于中国其他类型的文化，因此它依然是中国古代主流文化重要的内容之一，这一点，也可以体现于中国传统文化的各个方面上。

■ 宗族制度的演变

认识中国传统社会，了解中国家族文化，就必须认识中国的宗族制度。

宗族制度，古代又称宗法制度。宗法制度的中心内容，是一个家族只有嫡长子能够继承氏族的名称和先人的爵位，是氏族延续的主干，而其余诸子只能另立小宗作为氏族延续的旁支。这种家族制度其实就是权力和财产的继承制度，不管是王室还是平民均须遵守。

宗族宗法制度始建于西周时期，进入封建社会后，又以之为基础，衍生为儒家的伦理纲常之道，渗透于政治、经济与思想文化等各种社会关系中，遂形成了中国人的民族意识、民族习惯和民族个性。宗祠建筑，尤其是四合院的建筑形态，精确地反映了宗族宗法制度控制下的家族结构特征。无论是帝王的祖庙还是庶民的宗祠，都是实现宗法统治的场所，因而祖庙和宗祠被视为宗法制度的物质象征。宗祠里种种礼仪制度的建立，有一个漫长的过程，《周礼》是周成王时期名臣周公姬旦所创立的礼法制度的记录，是万世之礼的基础。孔子的儒家典籍又为国人留下了千秋仪范，而真正对于宗祠及宗族礼制影响最直接、最深刻的还是宋朝理学思想中的"家礼"主张。家礼源于《周礼》，经过《孔子家语》与《颜氏家训》的发展，定型于宋朝司马光的《家范》《书仪》与朱熹的《朱子家礼》。《朱子家礼》也成了宋、元、明清及民国时期传统家礼的范本。冠、婚、丧、祭四礼是其主体，因此，《朱子家礼》又称为"四礼"。

从远古时期到夏、商、周三代的祭祀对象，大致可以将祭祀对象分为天神、地祇、祖先三大系统。周王朝为使宗族稳定，利用宗族内部血缘关系的天然秩序，赋予了这种天然秩序以浓郁的伦理精神，将之神圣化，于是《仪礼》与《礼记》里用了大量篇幅制定出亲族关系、祖先祭祀、婚丧礼仪等极其详细严格的礼制。如此一来，就将充满了人情味儿的伦理关系进一步礼俗化、制度化。

在阶级社会中，一切礼俗与制度逐渐等级化。自西周以来，天子、诸侯、卿、大夫和士，祭祀祖先的规格一级低于一级，连庙这一祭祀的场所也有级别区分。地位最低的是士与庶人，"无庙，死曰鬼"。虽然平民百姓的祖先在统治者眼里不过就是"鬼"，但是因为奉祀祖先有它的情感基础，尤其有它重要的社会意义，因此在百姓生活中一直都盛行不衰。

宋代的理学家们倡导"三纲五常"，其中，最具代表性也最有权威性的就属朱熹《朱子家礼》了。宋代的庙制等级森严，等级已经由周代的宗法分封制改为了官阶品位制，这是隋唐以后科举制代替世袭制的结果。品官建祖庙，就为祖庙的建造向百姓开放创造了条件。

由于士庶都有资格奉祀四代祖先，因此不再将死去的先人称为"鬼"了。《家礼》把士庶祭祀祖先的建筑称为"祠堂"，《家礼》再三宣扬建宗祠表达了子孙"报本反始之心，尊祖敬宗之意，实有家礼名分之守，所以开业传世之本"，为日后的民间祠堂大发展奠定了理论基础。

宋、元时期有一些非高官显宦之家也已经建造了脱离于住宅的独立宗祠。到了明代，朝廷放宽限制，庶民所建宗祠的现象较之以前更为普遍。清袭明制，盛极一朝。

冯尔康等著的《中国宗族史》，分析研究了宗族制度的演变与宗祠祭祀制度的变迁。其大致可分为五个阶段：

阶段一：先秦典型宗族制时期。

宗族制度与分封制相配合，共同维护着周王为共主、封建诸侯直接治民的政治制度，周代是典型的宗族制时代。从宗族结构方面观察，天子和各级贵族都拥有宗族，贵族宗族内部的平民成员也秉命于具有贵族身份的宗长，也可以说是君主贵族宗族制时代。

阶段二：秦、唐间世族、士族宗族制时期。

宗族分为贵族宗族、仕宦宗族与平民宗族三个类型。宗族不再是贵族的社会群体，有了一定的民众性。秦、唐间宗统与君统相分离，即族权与君权分离，君主不可能任意支配宗族。皇权为取得士族的支持，实行对其出仕有利的九品中正制，为此修纂宗族谱牒，形成了官修谱书的黄金时代。秦、唐间的世族，特别是士族在社会政治、经济生活中均占有特殊地位；在全部宗族社会中占据重要位置，可以作为宗族社会的代表。所以说，这一时期是士族宗族制时代，也是宗族制民间化的第一个阶段。

阶段三：宋元间大官僚宗族制时期。

高级官员热衷于宗族的建设，宋代重臣范仲淹开义庄之先河，创制了家族内部经济互助之义庄；欧阳修编写了《欧阳氏谱图》，首创流行于后世的私家纂谱体例；司马光重视宗族教育，纂有《家范》，以规范族内成员言行，重礼仪，修德行。

与晋、唐间的士族不同的是，多半宋代的官僚是由科举入仕逐步提升的，它的世袭性大为削弱。宋、元间平民宗族大增，平民关心宗族建设者颇多。这是宗族民间化的第二个阶段。苏洵是平民出身，官不过文安县主簿，但他编修《苏氏族谱》，与欧阳修之谱同为私修族谱开创体例，被后世并称为"欧苏谱例"。此外，民间还出现了许多义门。

阶段四：明、清绅衿平民宗族制时期。

清代宗族制度是在明代基础之上的继承与发展，是宗族制度的繁盛时期。清朝统治者实行传统的"以孝治天下"的方针，提倡建家庙，有条件地支持宗族对族人的治理，以期由宗族的团结与和睦达到国家的安定、天下的大治。平民有了祭高曾祖先的权利，事实上还在祭祀始祖、始迁祖。这一时期，宗族组织已经普遍出现，尤其盛行于长江流域及其以南地区。

政府放宽禁令，允许民间祭祀五世祖，允许非官僚的衿士设立家庙，宗族公有经济比宋元时期有了较大发展，很多宗族都有祭祀用的祀田；有办学用的书田；有资助族人用的义田；少数的宗族有助役田，帮助族人完纳赋役；有义庄田，给贫穷族人生活费。公有经济使宗族开展活动有了物质保障，维持着宗族的长期存在。编纂宗谱已经成为普遍现象，数量始于明、清时代修辑的宗族谱至今存世。有的宗族联宗续谱，到异地与迁出分族，或到祖居地与留居本家共同修谱。因而，修谱成了宗族活动的重要内容，成为联络宗族的一种手段。

明清时期是宗族进一步群众化的时代，是宗族民众化的第三个阶段，宗族的首领基本上不是高官厚禄者，而是绅衿和平民，这也是宗族民众化的内容及表现。

阶段五：近现代宗族变异时期。

近现代的宗族仍保留有传统色彩，基本上与明清时期一样。而有些宗族则与从前的宗族有了重大区别，这表现在组织原则和形式上。一些宗族召开宗族会议，决定宗族大事，以此削弱族长权力；海外华人社会中出现宗亲会组织，实行理事会、监事会管理制度，取消族长制。

放松男性系统血缘原则，拓宽了成员的来源；宗亲会吸收成员，以同姓为原则，甚而异姓联宗，合数姓为一组织。宗亲会还吸收女性成员，改变了过去宗族纯粹是男性天下的状况。在现代，有些宗亲会宣扬保持中华文化传统，宗族的互助功能大为加强，开展访亲寻根等活动，进行宗族历史的研究，赞助学术研讨会等。近现代的宗族组织，已由宗族向宗亲会转变。从成员构成、组织管理、社会功能等组织原则看，仍为宗亲组织，具有宗族的职能，宗法性已大大削弱；是宗族的变异时代，是拓宽成员成分及赋予新功能的时代。

祭祖、收族及宗谱的修撰，是宗族中最为重要的宗法活动。宗族制度要求宗祠的首要功能是祭祖，宗祠多为中国传统的合院式建筑。其主要建筑在中轴线上，前为大门、戏台，中为享堂，后为寝殿，加上左右的廊庑，组成前后两进两天井的建筑组群。享殿为举行祭祖仪式的场地，寝殿供奉祖先牌位。

魏、晋时继承了东汉的合祭制度，虽然仍言"七庙"，但实际上是由每庙一主变为一庙多室、每室一主的形制。魏有四室，晋为七室，东晋增至十室至十四室，至唐代，为一庙九室，最多时增为了十一室。以后，宋、元、明、清基本上沿袭了一庙九室，另立祧庙之制。明清立祧庙于殿后。

关于太庙的位置，《周礼·考工记》中曰："左祖右社，面朝后市。""左祖"指的是皇宫的左边（东侧）为太庙，"右社"指的是皇宫的右边（西侧）为社稷坛。祭祀文化不仅仅是皇家绝对垄断的专利，还是全民族文化传统的内容之一。况且祭祀文化本义的重点是宣教的功能，这就需要全体臣民的参与了，在参与时接受祭祀文化中的"暗示力"。

只是不论在坛庙建筑的类型、规模、数量及内容上，都有着严格的等级限制。庶民虽然没有建庙的权利，但可以在家里设立祭祀牌位，可以建家族共享祭祖的宗祠。至于民间集资建立供奉与祭祀先贤的祠庙，则更不受限制。

古时祭祀的形式和方法是宗法关系在宗庙制度上的反映，其祭法与宗法相一致。先秦大小宗法意义上的"尊祖"，是通过"敬宗"来实现的，大宗有主祭始祖的特权，小宗则只能通过敬大宗来尊祖，由此确定了大宗的正统地位，其具体形式便是严格的庙祭制。先秦时代"礼不下庶人"，墓祭则为庶人之祭及庙祭的变通之礼。秦、汉时期，不论是天子还是庶人，都采取了墓祭的方式。汉明帝临终，遗诏不另起寝庙，取消了为每个祖先建立一庙的办法，把众多先祖神主集中在一个祖庙里，实行"同堂异室"的供奉办法，这就破坏了长期以来皇帝祖庙实行的"天子七庙"之制。从此，把隆重的祭祀典礼从宗庙迁移到陵寝，墓祭取代了庙祭所发挥的重要作用。不但天子墓祭，一般官吏也多在墓前立宗祠祭祖，一般庶民则多无宗祠，只能在墓前祭祀。

至东汉末，墓与庙有逐渐分离的趋势，士大夫已开始在家内辟出特定的地方作为祭祖活动的场所，而且立祠者的政治身份也开始为人们所重视，祠庙祭祖已有恢复的倾向。

在魏、晋、南北朝的士族社会中，谱牒的功能除了选官出仕之外，还在选择婚嫁与人际交往等方面起到很大作用。社会、官府禁止非等级间的通婚，门当户对的联姻依据便是谱牒，所谓"官之选举，必由于簿状；家之婚姻，必由于谱系"（《通志》卷二十五《氏族略·序》）。宗族的祭祖、修谱等宗法活动就不单单只是宗族内部的事情了，需要纳入政府的规范监督之中。这就导致了庙祭制的恢复与重建。

祭祖形式的变化与这种宗法活动的社会功能有关。先秦的宗庙制是建立在分封制、世卿世禄制和大小宗法原则基础之上的，社会的等级秩序、个人的世系身份和族内大小宗之别是其存在的基本条件。魏、晋、南北朝时期，尽管与先秦时期相比，宗族间的等级不同于分封的等级，士族的全族仕宦化有别于世卿世禄制，族内房间分主次，结构也有大小宗之别，但两个时代的等级制原则是一致的。魏、晋、南北朝时期庙祭制的恢复和重建正是适应了当时社会等级制度严格的需要。仿照先秦诸侯之礼，一般官员立庙的原则，是根据其官品等级分出差等，类比成为先秦的公侯、卿、大夫、士之礼而制定的。家族的祭祖活动被政府纳入到了法治化的社会规范中，与此相一致的还有亲属服丧的制度化。

宋代探索建立新的宗族制度，以著名理学家张载、程颐、朱熹的三位宋儒的主张对当时及后世的影响最为深远。

张载最早提出了重建宗族制度的设想。他将明谱系看作是加强族人团结的收族手段，并试图通过恢复宗子世袭制将官僚家族变为"世族"。张载的宗子法以官僚作为宗族首领，保障其宗族昌盛，借此维护国家的统治与社会的秩序。另外，张载还提出了家庙与祭祖制度的设想，主张庶人"亦祭及三代"，士大夫有大事，可祭四代祖先。在祭祀地点方面，主张"凡人家正厅，似所谓庙也，犹天子之受正朔之殿。人不可常居，以为祭祀吉凶冠婚之事于此行之"。（《经学理窟·祭祀》附《张载集》）。

与张载同时的程颐有关恢复宗法制的思想中，对后世影响最大的方面是家庙与祭祖制度。他主张士大夫都应当建立家庙，庙中可以设立高祖的牌位，还可以祭祀始祖与先祖，其为宗族由小宗向大宗发展及建大宗祠提供了理论依据。主张以有官职的族人代替依嫡长血缘关系设立的旧有宗子，以利于士大夫阶层提升宗族的凝聚力。

为重建宗族制度设计方案最为详尽者，要算是南宋时的朱熹了。朱熹的《家礼》，对南宋以后的中国社会影响深远。朱熹重建宗族制度的方案，兼顾了大小宗法的精神，祭祠的对象是高、曾、祖、祢四代祖先，未出五服；而墓祭的对象则是始祖、先祖，祭祀者是出了五服的亲族族人。朱熹的方案重点在于小宗祠堂之制，又为大宗族人祭祖和收族提供了方案，展示出了宗族的发展前途。

三位宋儒的方案，强调通过宗祠、宗子、族田、谱系重建宗族制度，维护社会秩序，这正是宋、元、明、清时期宗族制度的主要内容。

宋、元时期的宗族制度主要流行于南方。唐代安史之乱后，北方人口大量南迁，经济重心南移。两宋之间，因战争而迁都，政治中心南移。大批官僚世家南迁，新的宗族制度在南方得以发展。宋以后宗族对始祖的确认，一般是以始迁祖为标志的，而始迁祖常常要追溯到宋代，且多为官员。这些宗族具有在移居地凝聚力增强的特性，成为直到现代中国宗族势力仍最为强盛的地区。根据宋、元时期各类宗祠的分布地区数量统计，其主要集中于五省，依次为江西、安徽、浙江、江苏、福建。宋、元时期的宗族制度，反映的是士大夫的主张及利益，宗子选立的主要标准是官职，大官僚成为了宗族的核心。宗祠一般设立于故乡，突破了祭祖代数的规定，使宗谱民间化，设置族田，实际上是收族的一种重要手段。

堂 联

堂联,又称祠联,是贴于宗祠门柱或家中神龛上祖宗牌位两侧的对联,其内容多与姓氏的起源发展、兴旺变迁等相关。堂联的产生,伴随着后人对于祖先的怀念与崇敬,记录着本宗族的辉煌及荣耀。每一副对堂联的背后,都隐藏着一个耐人寻味的故事。

堂 号

堂号在传统的宗法社会里,对于敦宗睦族、弘扬孝道、激励后世以及维护家庭、宗族与整个社会的稳定都具有十分重大的意义。它是宗法社会的产物,也是郡望的进一步分化与发展,是某一郡望中某一支族的称号。在我国姓氏文化中是一种特有的现象,不仅是寻根意识与宗族至上主义意识的体现,也蕴含着丰富而深刻的人文内涵。

地域性堂号可分为两类,一类与姓氏的地望有关,或以其姓氏的发祥祖地,或以其声名显赫的郡望所在作为堂号,也称"郡号"或"总堂号";另一类与姓氏的郡望无关,是姓氏支系以所居地或祖先所居地的地名作为堂号。而非地域性堂号也可分为两类,一类为具有姓氏特征的堂号,以各姓先祖之德望、科第、功业、文字或典故、祥瑞等命名;另一类没有姓氏特征,主要起到教化作用。

如今的堂号已经没有了封建宗族主义的历史色彩,有的只是给人们寻根问祖、缅怀先祖、激励后人的积极意义。堂号对于加强中华民族的向心力、凝聚力,对于中华民族的团结有着特殊作用。

历史上的名门望族大多有本族的"堂号",成为这一同姓族人的共同标志。为了供奉共同的祖先,在其宗祠、家庙的匾额上题写堂名,因此堂号也兼有宗祠名号的含义。总堂号也称"郡号",郡是行政区域的建置,也是一个姓氏发祥的本源,后世深以源远流长,惧有所失,因此立"堂号"以为信。

■ 儒家孝道文化

家族是中国传统社会中的主要团体，中国人由此逐渐养成了一种行为与心理倾向，将家族的结构形态、关系模式与运作原则推广到家族以外的团体或组织。在传统的中国社会中，在强烈宗族主义的影响下，为了维护阶层式的父权家族的团结、壮大、和谐与延续，子女必须传宗接代、奉养父母、依顺父母、随侍父母而不远游。在社会化的进程中，要让后世子孙养成这些观念、意愿并将之付诸实践，就必须提倡与强调一套兼含有这些心理与行为要素的观念，这便是孝道。经由自然演化与儒家影响，孝道便成为中国文化的重要组成部分。

讲孝道，自先秦到清代的中国漫长的封建社会里，似乎是古已有之，《孝绎·圣治》章说"人之行，莫大于孝"；康熙皇帝更是"以孝治天下"。一个"孝"字奠定了中华民族几千年的封建伦理关系与社会秩序。

孝道主要包含两个方面的内容。一方面，子女以父母为主要对象的良好的社会态度，常怀孝心，包括孝敬之心与顺从之心。另一方面，子女以父母为主要对象的良好社会行为，孝行，包括奉养父母、不做危及父母的事情、生儿育女、建功立业、珍惜生命、追思仙逝的长辈。

此外，宗族祭祀、宗族思想、等级观念等宗族核心内容与"尊尊""亲亲"等儒家伦理关系密切。"尊尊"，就是在宗族成员之间以血缘为基础确定的一种自然的长幼秩序与尊卑关系。"尊尊"所衍生的最主要的伦理规范就是忠义，而"亲亲"所衍生的则是"孝悌"。通过忠、义、孝、悌伦理规范的要求，使宗族的人自觉地忠君爱国，遵守社会公共秩序，维护家族和睦。这正是封建王朝对自己的臣民的要求。封建社会时期的统治者利用宗法伦理、宗法专制，使得封建专制制度变得尤为严酷。儒家伦理道德是封建家法族规的基础理论，它已经渗透进了各项宗族祠规的条文和说教之中，使儒家的道德教化限制了社会各层面芸芸众生的思想言行，为维护封建社会秩序起着"润物无声"的基层社会调控作用。儒家思想将修身、齐家作为治国、平天下的基础。人们将先祖的智慧深深地刻在了祠堂、牌坊或宗谱里，先祖相信他们的子孙一代会胜过一代。因而，祠堂寄托了先祖们的美好期望，夯筑了文化的基础。对于国人而言，这也许就是已逝去的时代的归属需求、身份标榜与修身、齐家的明灯。

如今的一些宗祠遇到重大的节日之时也会从事开台唱戏、聚餐等活动，非常惬意。一些新修的宗祠会被命名为书院、书舍、书屋、书塾等，一来显示移风易俗、职用转变；二来避讳封建迷信与宗族复辟的恶名。还有一些地方会修建宗亲会馆，大规模地翻建先贤祠庙，吸引商业投资，营造独特的旅游品牌，给无烟工业注入传统文化的清流，也是乡土建筑现代化的一种勇敢尝试。

儒家思想强调的核心德行是"仁"与"孝"，而"孝"却是"仁"的基础、根源与基础条件。在孔子的儒家思想体系中，"仁"尽管是人行为的最高准则，"孝"的观念就担负起了将"仁"贯彻到具体行为中的责任。《孝经·开宗明义》章主张"孝"是一切德行的根本，一切品行的教化都是由"孝"派生出来的。并将行孝的过程分为三个阶段：一要侍奉好自己的双亲，这是行孝的起始阶段；二要效忠自己的君王，这是行孝的中间阶段；三要建功立业，扬名于后世，让父母荣耀显赫，这是行孝的最终阶段。《孝经》在中国两千多年的封建历史上备受尊崇。孝道的思想深入到了中国人的心灵，对中国传统文化乃至中国人的心理与行为产生了深远影响。北宋理学家张载《正蒙·乾称篇》中要求人们必须忠君事长，加强封建道德修养，恪守封建义务；这种"孝"的观念在宋明时期产生了广泛影响，为程朱理学提供了伦理道德方面的理论基础。由"天、地、君、亲、师"的排序可见中国传统文化对于"孝道"的重视。宋代以后，将"孝"与"忠"合为一体，成为封建社会的一个重要道德规范。

在我国的传统农业经济体系及相应的特殊宗法社会结构下，宗法社会家本位，一家人皆要听命于家长。封建宗法社会尊重家长，教人孝道；宗法社会的国家组织、政治生活，如同一个大家族，尊皇帝为天子，教人为忠。忠孝成为了封建社会、宗法社会的主要道德规范。一些学者认为，中国传统社会主要是以单系亲族组织为原则的社会结构，这种亲族组织通常是以父子关系为主线的。其他伦常关系如夫妇、长幼、君臣、朋友等，均以父子关系为准则，因此，提倡孝道就成了稳定这一社会结构的最有效力量。

人类学家林顿曾认为，人有三种最基本需求，即安全的需求、情

▲ 孔子像

感的需求、智性的需求。中国的家庭，能在很大程度上满足人的安全需求与情感需求。以"孝"为核心的家庭伦理观念深入国人的心灵深处，对中国传统文化乃至中国人的心理与行为产生了深远影响。"百善孝为先""积家而成国""国之本在家"等也成了人人所熟知的话语。按照至今仍在施行的中国式的籍贯制度，一个人的籍贯一般是由其父亲的籍贯所决定，而并不取决于其本人的出生地。这种籍贯制度，使得中国人往往有着浓厚的家乡观念，从制度上保证了"身"不在故土的子孙后代能够牢记自己的故土。

人们从血缘的"亲亲"之情发展为孝敬祖宗神灵，祈求祖宗神灵对自己的保佑。而中国传统文化一向对体现氏族血缘关系的"亲亲"的人类情感的"孝"持赞许的态度。儒学又称"仁学"，儒家伦理观最强调的核心德行是"仁"与"孝"，但"孝"却是"仁"的基础、根源与先决条件。在儒家思想中，"孝"凌驾于诸德诸善之上，是贯穿始终的品质。

 **知识链接**

孝观念的演化过程

孝的观念在我国古代的演化过程，大致可以概括为三个重要阶段：

阶段一：西周末年孝道形成之初，主要是"祭祀鬼神"，祭祀死去的、已神化的先祖。

阶段二：春秋战国时期的孝道主要为"父慈子孝"式的对等孝道，孔子要求子女对在世父母尽孝道，体现了孝道中的人文关怀。以孔孟为代表的儒家学派用孝道来巩固等级制度，将"孝"作为封建道德的基础。

阶段三：秦汉至清代，孝道成了作为人世间一切事物、一切德行的标准，凡事无不以"孝"为中心。包括泛"孝"主义、他律孝道、单向孝道、限制子代的心理与行为、虚昧的孝仪等。建立了"泛孝主义"的思想体系。西汉的《孝经》把一切的道德规范与品德要求都纳入到"孝"这一道德范畴。《孝经》中言道："夫孝，始于事亲，中于事君，终于立身。"在《孝经》中，后世孝亲必须服从于忠君的要求，忠君是孝行的一部分。

					高祖父母				
				曾祖姑	曾祖父母	曾叔伯祖父母			
			族祖姑	祖姑	祖父母	叔伯祖父母	族叔伯祖父母		
		族姑	堂姑	姑	父母	叔伯父母	堂叔伯父母	族叔伯父母	
族姐妹	再从姐 再从侄	从姐妹 从侄女	堂姐妹 堂侄女	姐妹 侄女	己、妻 子 媳	兄弟 兄弟妻 侄 侄媳	堂兄弟 堂兄弟妻 堂侄 堂侄妇	再从兄弟 再从兄弟妻 再从侄 再从侄妇	族兄弟 族兄弟妻
			堂侄孙女	侄孙女	孙 孙媳	侄孙 侄孙妇	堂侄孙 堂侄孙妇		
				侄曾孙 侄曾孙妇	曾孙 曾孙妇	侄曾孙 侄曾孙妇			
					玄孙 玄孙妇				

▲ 九族

第二节　传承宗祠遗风

■ 宗祠倡族学

在封建社会，公共教育不发达，族学特别是其中的蒙学，对普及教育，尤其是对贫穷族人的文化教育起到了至关重要的作用。族学的兴办为下层社会成员科举入仕进入上层社会提供了可能性，是造成社会流动、活化社会结构的因素之一。

族学最大的获益者是族内的绅士，他们的子弟是族学主要的教育对象。绅士阶层通过兴办族学进一步对所在乡族实行社会控制，使自己成为宗族聚落的支配者。宗族组织出于敬宗收族、凝聚族众的需求，逐渐认识到保证族人生活与对族人普及教育的重要性。提高族人文化素质，才可以科考入仕，提高社会地位；宗族的强盛离不开绅士的领导与支持。而赈济与赡养族人，可以维持贫穷族人生计，缓和贫富矛盾，使族人不至于铤而走险，这也是维护宗族声誉、提高社会地位的措施。养与教如车之双轮，是宗族存在与发展的必备条件。宗族办学，其根本目的是为了宗族的强盛。

宗祠为办学所做出的努力，考虑的是整个宗族未来的声望及前景，颇具可持续发展的战略眼光。因而，各族在祠规、族法上都明文规定了倡学、读书、明理，尤其是在教育上要舍得投资。包括对乡试、殿试的路费的补贴，对入泮、补廪、登科者的奖励。兴办族学、资助族中贫困子弟读书的条文，几乎在每个宗族的家训祠规中都可见到。

族学管理较为严格，宗族制定了有关规定，如重师范、选才俊、慎司事、严考课、藏书籍、习威仪、戒庞杂、别贫富、禁外务、惩腐败等。族田的助学，主要用于延请教师，解决学生的生活困难，奖励优秀学生和赞助学生参加科举考试。

清代奉行以宗族制度推行孝治的政策，族学便成为宗族制度的内容之一。雍正皇帝解释康熙帝"上谕十六条"的《圣谕广训》时指出："立家庙以荐蒸尝，设家塾以课子弟，置义田以赡贫乏，修宗谱以联疏远。"这是人民"笃宗族"的具体措施。把设家塾作为与立宗祠、置义田、修宗谱平列的笃宗族手段，如此重视族学，前所未有。清政府将族学作为义产，予以倡导并加以保护，在旌表乐善好施的政策中，设家塾被视为义行，也会受到旌表。族学的经济来源，主要是族田。清朝保护族田的存在，在一定程度上就是维护族学的经济基础。

清代族学的设置年代，主要是乾隆到光绪时期，与清代宗族发展的趋势是一致的。其无论是数量上还是地区分布上，均较宋、元、明有了很大发展。它既是宋、明以来族学发展的继续，又是清代社会的特殊产物。族学的设置与义庄、义田的设置同步，族学是义庄的一部分，族学是以族田为基础的。宗族学校，多设于宗祠内，一般称为义学、义塾、家塾；其类型大致有两种：一种是初级蒙馆，主要教授识字和基本知识；另一种是为了从事学问和应付科举考试而设的。

在宗族倡学这一特点上，以徽州人最具典型。徽州人以读书为要务，

保留中原衣冠的文化底蕴、走科举入仕的道路是他们人生价值的首要选择。当地的很多村落都建有书院，有的就设于宗祠内。在封建科举时期，学童考入县学称"生员"，这一过程叫"入泮"；考入州称"廪生"；州县招生员，这一部分生员称为"增生"，如应试得中的话，则称为"登科"。若中登科，赏银会瞬间涨至很高。若再考取第一等的甲第，赏银就又要翻番了。这些方式手段，有效地激励了族学的繁盛，为徽州各地诗礼传家、发展教育提供了可持续性的支持。

徽州宗族祠产的收入，一部分用于族学，个人捐资助学或者办学，一般都由宗祠进行管理。古代徽州村落以读书为上、崇尚知识的风俗，使徽州走出了大量的政治和学术名流。历史上，"一门九进士""同胞两翰林""父子尚书""弟兄翰林"等比比皆是。衣锦还乡的族人再回宗祠来祭拜祖宗，自然会让宗族祠堂得以发展壮大，进入到良性循环状态。赣南客家祠堂除办学设校外，还出资帮助族内部分贫寒而有培养前途的子弟深造；从宗族祭田的费用中划拨出"学谷"奖励族内学有所成的子弟。古时，各宗族在县、州、府城修建有宗族总祠，还为应试的学子们提供旅途住宿之便。孤寂严整的祠庙，因游学的书生和考试的学子而具有了生气与活力。

■ 圣贤宗祠里的忠义

在长达几千年的中国传统封建社会，统治者极力推崇忠君思想、忠君道德伦理，维护封建秩序、皇权统治。而在民间与地方，面对至高无上的皇权和封建官僚体制的专横、残暴、黑暗、腐败，一方面祈求天赐圣君明主；一方面期望朝廷选拔贤臣。不但诗词歌赋、戏文故事极力歌颂品格高远、政绩突出的俊秀贤达，而且族人集资、官方赞助修建先贤祠，通过血亲后代与宗族外后生的民间公开祭祀先贤，形成一种声势浩大、持久不衰的清官文化及社会道德伦理。这又是先祖崇拜的另一种非血亲形式。其中，有利于巩固封建皇权统治和主流意识形态的民间先贤祭祀活动，有的得到圣君明主的恩准赏赐，又成为宣传忠君思想、传播忠君道德伦理、正俗教化的范例。

从祠庙的发展历史来看，先贤、名士这类祠庙是祖庙演进与发展的产物，也是祖庙和祭祀活动的宗教色彩淡化，以及政治性、实用性增强的结果。在原始氏族社会时期，当宗族至上主义出现，人们开始祭祖的时候，氏族成员除了祭祀本氏族的始祖、首领之外，也要祭祀那些对本氏族的存在与发展有过重大贡献的外氏族成员。可以说，这些人员就是以后人们所说的先贤、名士。

西周时期，人们祭祀更看重其实用性。那些对维护和巩固君主专制统治有利的人物，不管他们是否为王室成员，也都可以列入神的队伍，享受后人的祭祀。据《礼记·祀法》记载：那些善于理政，勇于安邦，忠于国君，勤勤恳恳，鞠躬尽瘁，死而后已的忠臣、良将，均在王朝的祭祀之列。

在封建社会中，不论是为孔子、孟子、曾子、颜渊、朱熹等所谓先贤建庙，进行祭祀；还是为比干、诸葛亮、关羽、张飞、赵子龙、张良、包拯、岳飞、文天祥等所谓忠臣、良将、清官建庙，进行祭祀，都带有非常浓厚的政治色彩，具有非常明显的实用性与功利性。它们时刻都在提醒着人们，要遵循封建礼教，做封建社会的孝子及忠臣。

传统社会的大家庭以血缘关系为纽带，家庭伦理的核心是"孝"；社会是家庭的扩大，社会伦理的核心是"忠"。所以，孔子说"慈孝则忠"，只有人人尽孝，个个尽忠，才能稳定社会秩序。

忠作为道德规范，出现于春秋、战国之际。由于社会急剧动荡，宗法制趋于瓦解，各诸侯国招纳了许多没有血缘关系的谋士做官，逐渐突破了宗族关系的政治体制。君臣关系从亲族关系中分离出来，必须要用一种新的行为准则来约束臣属。正统的儒学通过维护"父父子子"的家庭伦理秩序，达到维护"君君臣臣"的社会伦理秩序。

隋唐兴起、历经宋元不衰、明清鼎盛的科举考官取士制度，使传统封建社会的君臣必须要有一套行之有效的制度规范和道德伦理约束。历代封建皇帝都极力推崇孔子，奉之为至圣先师，极力推行孔子的家庭伦理、社会伦理思想，以期达到天下长治久安、世代相传的目的。

由于历代朝廷的提倡，忠君的观念在明、清时期甚至成为了家庭伦理观念的核心，纳入到祠规、宗谱、祖训之中。宗祠训令"君恩重于亲恩。宁可终身无父，不可一日无君""事君要有担当"，等等，约束人们谨遵王法，尽忠守孝。这种由"孝亲"思想至"忠君"思想的变化，充分体现了家族伦理、社会伦理在维护中国封建社会皇权政治和传统社会秩序的互为依托、相辅相成的作用。对明君圣主、圣贤先哲、忠臣良将、文坛巨匠立祠崇拜，就是在全社会树立楷模，宣示忠君不二的思想观念和以忠为本的社会伦理。《礼记·祭法》中载："夫圣王之制祭祀也，法施于民则祀之，以死勤事则祀之，以劳定国则祀之，能御大灾则祀之，能捍大患则祀之。"

三皇历来都被视为中国人的祖先，为历代帝王所景仰。而先代帝王，则是后代借鉴与效法的榜样，所以也要祭祀。乾隆提出了"中华统绪，绝不断线"的观点，将北京历代帝王庙祭祀的帝王确定为188位，配殿祭祀着伯夷、姜尚、萧何、诸葛亮、房玄龄、范仲淹、岳飞、文天祥等79位历代贤相名将的牌位。倡导"慈孝则忠"的孔子、体现"忠义仁勇"的关羽分别被加封为帝王头衔。

人们建祠立碑赞颂那些建立丰功伟绩的英雄豪杰，怀念那些心怀壮志而功败垂成的杰出人物。诸葛亮辅佐刘备匡扶汉室，虽然出师未捷身先死，人们敬仰他的大智大勇和那种鞠躬尽瘁的坚定精神而撼一把英雄泪。历史上处于异族压迫下，一些敢于抗战，主张收复失地而未能施展其抱负的民族英雄，也为后人倍加崇敬与惋惜。

以孔子、关公为代表而修建的圣贤祠庙，以诸葛亮、周公为代表而修建的忠臣、良将、清官、廉吏祠庙，和以王羲之、李白、杜甫、韩愈、柳宗元为代表而修建的文人祠庙,大体上可以将祠庙分为三类:一是皇帝钦定或敕命修建的,如曲阜孔庙等;二是官府兴修的,如州、县孔庙等;三是民间修建的,如成都杜甫草堂、柳州柳侯祠等。在先贤祠庙中,皇帝钦定或敕建的,以及部分官府修建的,规模都比较宏大,装饰豪华。如曲阜孔庙,因为它是皇帝诏令修建的,其规模与豪华程度并不亚于皇家宫殿建筑。由官府修建的祠庙,因为各地经济情况不同、建筑技术水平不同、文化发展程度不同,其规模大小和装饰艺术水平差异很大,但地方色彩一般都比较浓厚。

民间集资修建的祠庙,因为财力与物力的限制,规模一般都比较小,装饰也并不豪华。然而,由于人们在这些祠庙的修建中倾注了自己真挚的感情,所以多半朴实典雅。人们事死如生,根据先贤的兴致,巧施,或朴实大方,或清幽恬静。

■ 造神运动与生祠堂

孔子生前不得志,然而,其身后孔庙却遍及全国各地,规模更是无出其右。究其原因,汉代"独尊儒术"之后,"尊儒尊孔"成为了中原正统的代名词,历代皇帝都要借助于孔子的礼教思想来维护和巩固自己的统治,不断为其加官进爵,兴修孔庙。关羽生前是蜀国的大将,忠义仁勇,名冠天下,身后被历代皇帝树为中国传统文化伦理、道德、理想的典型,以利维护专制统治;而庙堂里的他,被尊圣尊帝,无所不能,享儒、道、释三家的祭祀香火。

如同孔子、关公的神化过程一样,民间许多忠勇贤达之士本只属于一家供奉,最后却变为了全天下共祭。由于一些将名人神化的故事

▲ 岳飞祠堂

使人荡气回肠，名人逐渐被神化，从家族祠堂到纪念性祠堂，从一家之祖到众家之祖，名人的品格、情操、追求、思想成为社会道德伦理的样本，名人的祭祀成为了公共和公开的大型礼仪活动。

在祠堂建筑中，值得关注"生祠堂"这种类型。例如，清朝康熙年间，潍县县令郑燮，中正刚直，爱民如子，在任时正逢荒年，他开仓贷粮，救活了1万多人；他还修建水利工程，招收饥民以工代赈；入秋歉收，郑燮把百姓贷粮的借条一把火烧掉了。潍县老百姓感戴他的恩德，为他建立了生祠堂，使其在有生之年即得到奉祀。虽然民众自发组织建造的生祠堂出现频率并不高，且非族人所建，但是这种祠堂建筑的精神引导，对于仁义礼智信、忠孝节烈的人伦与美德的宣示作用无可估量。封建统治者时常持鼓励态度，利用这种民间信仰的产物教化民风，维护社会秩序，加固皇权统治。

　　源于实用理性的观念，国人在三叩九拜的时候，心中已不只是追忆逝者犹在的纯朴心态，更多的是祈福于神灵庇佑，以求得好运。这种强大的功利与实用的特点，使这股造神运动越发显得轰轰烈烈。因而，各种名目的先贤祠庙层出不穷，各有故事。

　　名人先贤祠所供奉的人物生前都与重大历史事件相关，这些祠堂供奉先贤、供人祭祀，还起到了传承文化、演绎历史的作用。一些重要祠堂中陈设的匾额、碑刻多为大学者撰文，有些是皇帝或者书法家题写的，属于珍稀文物，有着珍贵历史文化价值。

　　中国人多有附庸名人名家的习惯，随着岁月的变迁，大多数名人先贤祠最后都会变成同姓宗族的宗族祠堂，成为同宗人的朝圣之地。名人生前的事迹，死后的英名，对于任何一个家族来说都具有光耀门庭、教化子孙、认祖归宗、敬宗收族的感召力、凝聚力。

　　作为先祖的英雄崇拜与精神寄托，宗祠在风雨中屹立了几千年。随着社会与科学的进步，宗族至上主义以及宗族观念的淡化，宗祠逐渐衰微，又历经"文革"时期的残虐破坏，能够存留至今的大都是规模宏大、曾在当地盛极一时，可以充当学校、粮库、办事处等公共建筑使用功能的祠堂建筑。

　　如今，城乡建设风起云涌，举国大兴大拆大建之风，古建筑因此而岌岌可危。剩下的一些祠堂，为了吸引游客，有的也被改得面目全非，早已失去了祭祀的功能。而被精心维护的宗祠，有可能成为海内外宗族亲情的关系纽带，成为民族精神薪火相传的神圣殿堂，成为地域文化传统文化的纪念馆。那些铭刻在神主牌位上的圣人先贤，尽管没有香火供祀，依旧会熠熠生辉，点燃人们人生理想、终极关怀的明灯。经过几个朝代霜风雪雨的洗礼，略显破旧的祠堂庙宇作为中华大地上的地标，在游子们的心中，它们是永远的灯塔，是海内外华人共同的精神支柱。

 知识链接

岳王生祠

　　自南宋以来，在杭州西湖游览的人们总会到栖霞岭下拜谒岳坟，西湖岳庙也许是这柔情西子最为悲壮雄浑的一面。据史书所载，西湖岳庙在岳飞逝世后的79年中，英雄名存千古念，其实在岳飞生前就有为其建造的祠堂了，即岳王生祠（现在改成了岳王庙）。

　　西湖中有一座孤山，在长江北岸的靖江也有一座孤山，江淮之间平川千里，此山完全孤立于旷野之中、大江之侧，中国最早的岳庙就在这孤山脚下不远的生祠镇上。镇因祠而得名，小镇也正是因为有了岳王生祠才得以扬名于天下。相传南宋皇帝赵构与宰相秦桧狼狈为奸，欲与金兵议和，将精忠报国的岳飞视为眼中钉，在岳飞已收复朱仙镇即将直捣黄龙时候，一天连发出十二道金牌，急诏岳飞回杭州。中原百姓依依不舍的，担心金兵再犯，想跟随岳飞一起撤离。岳飞爱民如子，于是便同意与百姓一同南下，直至来到扬子江边的马驮沙。夜间，岳飞难以入睡，他想到中原百姓风尘仆仆，一路劳顿，如果继续前行，百姓定是受不了这劳顿之苦的。而自己更是前景未卜，若遭不测，岂不连累了这些百姓？想着想着，便起身踱步，帐篷之外借一弯冷月观察四下，见此处负江阻海，襟越衔吴，倒是一块要塞之地。尽管荒草萋萋，却也有山有水，宜粮宜桑。一时欣喜，竟不觉晓露已沾湿须眉。天刚亮，岳飞就召集百姓说："你

们不要随我渡江南下了,就在这里落脚谋生吧!不要看它现在是一片荒蛮之地,将来定是鱼米之乡。"岳元帅的话岂能不信?从此,这些百姓便在这里驻足生息,世代繁衍。相传那批中原百姓中的马、刘、朱、陈、范、陆、郑、祁八个姓氏,就是靖江最早的居民。岳飞走后,百姓为表自己的感恩戴德之心,祈望他长命百岁,遂造祠堂,因为系岳飞在世时所建,故称作"生祠堂"。

第二章
宗祠的建筑艺术

　　宗祠作为中华民族悠久历史与民俗文化的重要符号之一，作为中国民间保存最好、精心呵护的一类古建筑群体，对于凝聚民族团结、建设和谐社会具有十分重要的历史价值与促进作用。宗祠的形象是由建筑物的体量布局、结构形式、比例关系、空间安排、装饰装修等构成的，在这一章中，我们重点介绍宗祠的建筑特色与艺术，希望带给读者不一样的视觉感受与精神体验。

第一节　方圆阴阳好风水

■ 慧圆行方的理念

黑格尔认为，建筑无论是在内容上还是在表现方式上都是地道的象征性艺术。建筑的造型、序列、环境，附属于建筑的雕刻、绘画、工艺美术，以至于建筑中使用的形状、色彩、数字等，都是用于体现建筑象征含义的各种外在形态与形式因素。只有当建筑的形象与其所象征的意义有机地联系在一起，达到建筑艺术形式与内容的高度统一时，建筑的象征性才具有审美的意义，并会得到普遍认同。建筑艺术的形式美、意蕴美，从现代阐释学的审美原则与接受美学的审美视角看，是由设计者、建造者珍贵的建筑意匠、营造技艺等主观意图和美学

▲ 中国古时的方圆建筑

表达，与使用者、鉴赏者源于不同文化背景和经历的客观认知及美学解读共同构成的。

研究宗祠建筑艺术，即要评价建筑的比例、色调、尺度、景观及空间结构，看其是否符合美的规律，建筑构成要素是否实现了优化组合，建筑的整体是否和谐统一，从而将宗祠建筑纳入到村落建筑群的总体风貌中判断功能、形式、环境协调统一的建筑意匠及其特色。

祠堂首要的功能是祭祖。用来举行祭祖仪式的享堂和供奉祖先牌位的寝殿，是祠堂必不可少的组成部分。祠堂前的牌坊、旗杆，是先祖功名威望得到朝廷旌表的标志。在祠堂内搭建戏台，是为了达到寓教化于娱乐，以及敬宗合族的目的。祠堂的规模、建筑外形、装修及装饰体现着一个宗族的地位与权势。宗祠建筑的围合组群、方根拓扑、中轴统领、对称平衡、空间序列充分营造出宗法礼教的浓重氛围；宗祠的选址布局、空间营造、装饰装修、意象转译、意蕴传递等方面都带有宗法社会、等级制度的深刻烙印。

古时中国对于宇宙结构的认识，即"天圆地方"说，认为"方"象征着各有定型的地上万物；"圆"象征着变化不定的天上之万象。"圆形崇拜"构成了中国式审美理想，以弧线、弧面的元素，象征智慧的圆觉、哲思的圆融、功德的圆满，表达了对于天子皇权、宇宙苍天的敬畏。"方根拓扑"构成了传统建筑的基本法则，建筑组群围合的院落是规规矩矩的"方"，构成元素恪守礼制规范，各有定位。

■ 天人合一的观念形态

按照上述"方圆"的理念，宗祠的建筑形式了表达了人们天地及合德、天人感应、人和于天、天地人三才和谐的宇宙图景、人生理想追求和生态审美价值取向。

宗祠建筑营造活动中的观念形态，主要是天人合一的宇宙观、物我一体的自然观、阴阳有序的环境观。在天人合一的宇宙观的总体定位下，老子的《道德经》说"万物负阴而抱阳"，从远古直到明、清，阴阳学说强调"有序、变化"的思想，决定了建筑的方位、朝向与主从关系。

古人对太阳的崇拜形成了日出日落的方位观，确定了以东向日出为其主要轴线方位，明代以前的祖庙中的牌位将始祖牌位立于坐西向东的位置。天文学的发展扩宽了古人对于方位的认识，以天上星宿方位与地上方位相呼应，从而有了东青龙、西白虎、南朱雀、北玄武的四象之说，强调东向。依据天学中"斗为帝车，运于中央，临制四乡（向）"（《史记》卷二七《天官书》），在黄河流域北斗所指向的位于北向的天空的北极星所在的星宿区域——紫微垣，成了帝室之所在。面南称尊，是称帝的代名词，也是中国多数地区建筑坐北朝南的朝向选择最为重要的依据。结合源于宗族至上主义而逐渐发展起来的宗法制度，《周礼·春官·冢人》提出"先王之葬居中，以昭穆为左右"，明确了在处理包括祭祀在内的方位问题，当主体面南时，以左为尊与以东为尊结合在了一起。宋以后的祠堂宗庙建筑朝向和布局更多地遵从这一方位体系。这种序位的观念与礼制，逐渐与车舆、服装的尊卑安排等一样纳入到维护封建社会等级制度的规范文化之中，并且随着统治者强化等级制、维护皇权至尊的需求日趋强烈而逐步明确。而那些积累了大量财富的豪绅，天高皇帝远的土著首领又多有"僭越"。然而，从总体上来说，规范文化使建筑群成为与社会关系同构又自身有序的群体，是封建社会等级制度的建筑化。

在"天人合一"观念的定位下，在中国的社会文化心理结构的作用机制下，自然对于中国文化来说，包含着人类自身以及周围世界的物质本体部分，中国文化的自然观是将自然看作包含人类自身的物我一体的概念，人与自然的其他要素是处于同样层次与地位的，为确立人与自然的和谐关系奠定了理性的基础。

古人在处理人与自然的关系之时，讲求"虽由人作，宛若天成"的意境追求，希望表达类似"智者乐水，仁者乐山"的人文追求。山属静为阴，水属动为阳，南为阳而北为阴，高为阳而低为阴。"万物负阴而抱阳"的观念既为一般建筑群环境营造提出了"背山面水、居高临下"的要求，也为宗祠适应祭祀需求功能选择布局环境提供了可以变通处理的方案。

宗祠建筑十分重视选址与环境的营造，发挥建筑群体横向组合的灵活性而因势利导，既充分满足家族聚居、敬宗收族功能的需要，又协调自然美与人工美，形成了魅力独特的景观建筑。

隋、唐以后，官僚、文人、绅士合流形成了独具特色的文人政治，作为皇权政治的补充与延伸。限于严格的封建礼制，文人建筑不同于皇家建筑，既要雅致清幽，又不得突破"一正两厢"的固定格局，因此这类宗祠常设有灵动的园林组合，构思奇巧。通过曲折隐晦的方式反映出了人们企望摆脱封建礼教的束缚，憧憬返璞归真的愿望。

基于以上原因，宗祠建筑的魅力不仅在于建筑的本身，更在于其背后所依附的文化内涵。

■ 宗祠的风水理法

中国古人并未将空间当作物质实体之间的空隙，而是赋予了其更深刻的精神意义。由建筑实体围合而成的大小不等的空间，如天井、庭院，甚至成为了建筑群的中心。宗祠建筑实体与空间的交错相映、时空结合的渐进序列，赋予了建筑群体形象韵律感。屋顶上柔和的曲线、屋角的起翘、露明的木梁柱构件和木装修，突出了灵动的线条美；材料的质感、肌理、色泽变化的韵律美；精美的木雕、砖雕、石雕动人的故事情节，展现出无穷的魅力，形成了蕴含于空间意识之中的神秘意境之美。

中国传统建筑文化中的风水理法是其独特的体现，也是中国建筑学与环境学相结合的一种传统"国粹"，更是天地崇拜兼容审美观念的一种"艺术"。古人对可把握的因素，力图寻求变化规律；对不可把握的因素，力图寻求他处的暗示，这就构成了几千年建筑文化选择生存环境的两大领域，并形成了以《易经》为其判断逻辑基础的风水学说中的形势宗与理气宗的部分核心内容。结合中国传统文化的实践理性的特点，古人选址遵守的是六条原则：近水利而避水患，山川形胜宜于防卫，交通畅达有利运输，小气候微环境适宜，理想的景观模式，良好的环境主体。

在儒家礼制思想占统治地位的封建社会中，"长尊幼卑、男尊女卑"等道德伦理与封建等级观念深入人心。宗祠既是一个修身齐家、道德教化的场所，又是藏风、纳气、得水的福地。风水观念是古人在对理想环境的追求过程中所形成的一种用于指导环境规划的总体思想。聚落选址就是寻找蕴藏生气的地方，表现出人们对理想环境的追求。儒家的学说与经世的精神、道家秉顺的思想和静观的精神，墨家兼爱的主张和反战的精神，以及阴阳家的五德终始循环、名家同异坚白之争、法家的刑名法术、兵家正奇对策等，均与《周易》相关。《周易》用高度概括的语言与符号，揭示出宇宙万物的变幻奥秘，从中表现出极强的抽象思维和推演能力。《周易》体现的观物取象、自强不息、变通日新、保合太和、厚德载物的精神，是风水理论的核心，是传统建筑文化的重要内容，深刻地影响着古代人民对宗祠的环境与方位选择。

风水观念意象与营造技术规范，构成了我国古代建筑理论的两大支柱——物质材料技术是古代建筑的物质外壳，而其中蕴含的风水意象则是它的灵魂。中国古代建筑选址、设计、布局中的风水理论及追求"风水意象"的实践过程，是综合了古代阴阳五行学说、八卦九宫图、河洛数理、四时五方及人伦纲常等因素所形成的"环境优选"思想，其中包含着古人寻求天、地、人及万物和谐相处、趋吉避凶的理想和愿望，是古人的一种建筑、景观、环境共生美生理念。风水学说的积极意义在于要求人们在认识和改造自然，创造人类生存条件的时候，遵循自然规律，保持天道（自然规律）和地道（万物运动规律）及人道（人的生存与伦理道德）三者之间的良性循环，积极主动地与自然和谐相处。

假如把"太极""阴阳"理解为地理方位的辩证关系，把玄妙的"风""气"理解为能量和能流，为了实现"与天地合德""道法自然"以求"适形"，依据传统建筑文化中生态审美意识和环境优选方法，

▲ 赣南宗祠

好的风水能够保证家族兴盛、时运发达。

宗祠作为家族、族权的象征，选址要藏风得水、察砂点穴、背阴向阳。宗祠建筑环境分析，重视社会心理影响，运用直观简单的观察分析方法，量整体、重关系、营造理想的小环境和小气候，承载族人家族昌盛、子孙富贵、名人辈出的期望。

　　作为江南民居的精品，浙江兰溪武侯祠建筑塑造环境美、秩序美、功能美的丰富生动的语汇及符号，准确地表达出了诸葛家族的人生信念与理想追求。考虑到生态美、环境美、景观美的精神需要，广州陈家书院规划巧妙地把建筑与自然融合为一体，使天、地、人合二为一，建筑、园林、景观穿插配合得体。赣南、闽西、粤北、客家宗祠选址多以"风水"为据，为求"藏风得水"，山水要回旋、拱卫、开合得体，对景借景。杜甫草堂、武侯祠、眉山三苏祠，殿堂林立，古树参天，庭院深深。不少宗祠建筑总体布局依山就势，层层叠叠，庞大的建筑组群紧紧围绕一条蜿蜒的曲轴，有机附着于环境形态。巧用地形、智取空间，结合地势，适应地貌，利用地形，独具匠心，追求仁山、智水、人居环境美。

知识链接

《易经》

《周易》即《易经》,《三易》之一(一说《易经》即《三易》,而非《周易》),是传统的经典之一,相传为周文王姬昌所撰,内容包括《经》与《传》两大部分。《经》主要是六十四卦与三百八十四爻,卦和爻各有说明(卦辞、爻辞),作占卜之用;《传》包含了解释卦辞与爻辞的七种文辞,共有十篇,统称为《十翼》。

第二节　宗祠建筑的地域特色

■ **中规中矩求章法：晋陕宗祠**

我国居住在各大地域文化圈里的各主体民族、民系，在建筑材料选择、技术与结构适用、立面与平面安排、建筑造型和空间秩序组合等方面都呈现出各自的特点。

中原地区自古以来都是以华夏先民为主的农耕族群的聚居地。人们用抬梁式木结构建造宫室式厅堂，向阳面短屋檐、大开窗、大开间、小进深以利充分采光纳阳。通常使用起脊式一面坡或两流水瓦作屋顶，能够快速排除夏季集中降雨，保护房屋的木质结构；中原人在宗祠建筑上用土院、土台、土墙做足了"土"文章。中原传统宗祠建筑讲究章法，中规中矩，以结构、制式、尺度、比例，标志家族的地位、秩序与追求。

北方宗祠院落的屋顶，大多为硬山顶。屋顶是建筑之冠，居所之"天"，很受重视。讲究的做成曲面斜屋顶，表面呈抛物面或双曲面。其物质功能，一是如《考工记》所说"吐水疾而远"；二是在屋顶与棚顶之间形成一个过渡层，调节寒冬、酷暑的室内外温差。其精神功能，一是宗族地位、权势和尊严的象征；二是表达先民以"大壮"之宫室和谐于自然的生态审美。

屋顶在建筑形式上，按功能需要分别做成大屋脊、元宝脊、清水脊、皮条脊、鞍子脊。山墙顶部与屋顶的衔接，又有"大式硬山山墙"和"小式硬山山墙"之分。垂花门跨里外院，常做成一殿一卷"勾连搭"。院子的门楼修成两坡顶，既是等级地位的标志象征，也是防卫的功能符号。

宗祠院落中的拜殿、寝室，与院落的宽度及深度相互适应，构成了合理的宜人尺度与和谐的比例关系。北京四合院、黄土高原窑洞是典型的中原建筑形式。中原传统文化从哲学理念、政治制度、家庭伦理、审美标准以及生活方式上深刻地影响着其布局、结构、形式和细部装饰。自明、清以来，这种组群式的封闭院落就像一座古城，排列成大大小小、变化无穷的封闭空间，与屋宇等级化、院落的封闭性一起体现了宗法社会的礼制秩序，成为典型本土中国的象征。河北、河南、山东、山西、陕西、甘肃等地的合院，都明显带有北京四合院的深刻烙印。

明初山西、陕西商人成为了国家第一批有合法身份的官商。康熙年间，开始文职捐官；雍正、乾隆两朝，捐纳成为科举之外的入仕途径。捐得官职的晋陕富商花费重金营造起外实内华、多路多进、步步高升、三雕华美、庭院幽深、宗祠家塾戏楼花园齐备的城堡式豪宅大院，显示了其对荣华富贵、家族兴旺的期盼追求。城堡式建筑，多重多进狭长窄院，高大厚重的外墙，半坡瓦顶木楼，正门、屏门、垂花门导引的私密空间，坐北朝南的窑洞正房以及照壁、抱鼓石、镇宅狮、脊兽、拴马桩、三雕等都充分展示出晋陕富商的理想和习俗。

山西宗祠采用抬梁式木架构，大梁常用圆木、瓜柱部位用柁墩方木代替；大户人家多将柁墩雕成花饰，在脊檩两侧加设斜置的托脚木，有的地方在大梁下还加设一矩形断面的随梁枋。晋中地区厢房为加强防御性，多做成单坡顶，所以屋架采用单坡抬梁架。同时，为了屋顶能上人巡视，坡面做成了反弓式，为其主要特点。晋中地区正房多为锢窑窑洞，但窑前多加设木构前廊，并配设斗拱、雀替或雕饰繁复的罩牙，表现了家族的经济实力以及宗族的社会地位。

山西榆次的常家大院本有"常半城"阔大气势，园林式常氏宗祠，极尽庄严华美之能事，占地面积号称全国最大，布局上追求皇家气派。常家庄园房屋正向朝南，东侧设置宗祠，暗合古代王家"左祖右社"的制度。富甲一方的奢华，在宗祠建筑上得到了充分体现。

山西晋城皇城村陈氏宗祠，是令人肃然起敬的宗祠。陈氏家族在明、清两代历有高官。康熙时代的陈廷敬，做过文渊阁大学士，礼部、吏部、户部、工部、刑部尚书，负责过《康熙字典》《佩文韵府》等"钦定"大型出版物的总编纂，深得康熙皇帝恩赏。因其晚年自号午亭，康熙皇帝为他的居处御书匾额"午亭山村"、对联"春归乔木浓荫茂，秋到黄花晚节香"。陈氏宗祠极尽豪华，尽显了皇恩浩荡。

关中平原是陕西省的一块风水宝地，也是中华民族定居最早的地区之一。历史悠久，文化源远流长，曾有周、秦、汉、隋、唐等十三个王朝在这里建都。关中人独特的审美能力与艺术表现力，孕育了丰富多彩的文化艺术，对关中传统民居宗祠建筑的内容样式、造型、构成及色彩等方面产生了巨大影响。

关中传统宗祠如韩城党家村里的宗祠，属于"窄院民居"类型，布局严谨，房屋与院落虚实相生，层次分明，由层层房屋与院落形成的多层次空间形态不仅富有节奏感，还具有较强的内聚力。曲缓的小青瓦屋面，花砖雕饰的屋脊，脊上造型优美的砖雕兽吻，为厚实、封闭的建筑外观增添了生机；半坡屋顶形成的"四水归一"的屋面形式，有利于汇集雨水，并使之贮存于院中窨井，确保"财不外流"。

党家村里的宗祠与普通民居布局制式基本一致，只是门前多了功名旗杆，门楼和厅堂建筑装饰更体现出敬宗收族、光前裕后的功能需求。

为突出入口，大门均为高门楼，门口两边伸出墙垛，上部墀头做灯笼状花砖雕饰；也有的不出墙垛，花砖雕饰凸出墙面，更显得玲珑别致。门上部的梁、枋、匾牌、门枕等精雕细刻。大门两边有抱鼓石、门旁设拴马桩，均映衬出入口处的庄重。少数大型宗祠精雕细作，当两面山墙临街布置时，大门及门楼设在中间，多做以木雕为主的垂花门，造型优美，使建筑外观显得生动、活泼。

四合院的正房称为"厅房"，是摆放先祖神主牌位供族人祭拜的神圣空间，基座高，尺度大，是全院的中心。倒座称为"门房"，

▲ 山西晋城陈氏宗祠

厢房称为"厦房"。"厅房为主，门房为宾，两厦为次"的布局形式反映了传统礼制"尊卑有序"的主从关系。少数官邸和殷实大户的大型民居如西安高家大院，由多进式宅院相毗连形成的连院式布局，分为正院和偏院，每个宅院都保持独立性，自设大门直接对外，两院间有角门相通。正院房屋高大，庭院较宽敞，属家庭主人居住和接待宾客之用；偏院房屋尺度较小，庭院较窄，设宗祠和花园，或供晚辈居住。

关中传统民居宗祠，木构架作为房屋骨架承受屋顶重量，墙体仅作为围护结构以及分隔空间之用。主体建筑大多使用抬梁式，以三架梁、四架梁最多。关中地区木材资源短缺，为节省木材、减少大梁长度，在建造大进深的厅房或设檐廊时，常常于三架梁前加一步架。大型民居厅房用五架梁或七架梁。穿斗式木构架柱子较抗风，用于房屋尽头近山墙处。

木构架集结构、装饰于一体，脊柱和梁头都施加雕饰，大型民居更是雕梁画栋。为了加强脊柱的稳定性，常常在两侧设托墩（角背），或用雕花托墩代替脊柱。厅房做"露明造"，用大漆涂刷，与门窗、隔断、家具等有机地结合成一个整体，尽显素雅、古朴。

中原宗祠建筑装饰与彩绘雕塑外刚内柔，传神地表达出古代人民的价值取向、审美意蕴、理想追求。四合院外檐装修与内檐装修，用料讲究，做工精细，截面纤巧，做法考究，色彩素雅、凝重脱俗，内涵丰富，感染力强。外表的素朴、方正，与内部的精雕细刻、着意粉饰形成了鲜明对比。北方民居式宗祠的装饰趣味，以四合院结构体量彰显等级尊严、装饰装修体现建筑艺术的儒雅、严谨的布局彰显伦理秩序。

■ 气韵灵动最绚烂：江南宗祠

宗祠之设，南北方大有不同。南方盛而丽，北方少而简。这或许是因为宋、明以来北方农村远不如南方富有，以致文化水平也落后；北方历代多战乱。亲人离散或外迁，宗族组织不如南方普及、发达与健全，宗族性血缘村落很少，以及少数民族的不断侵入，以致使宗族观念十分淡化。杂姓村落宗祠的形制完全与民居一般，无"拜殿""寝室"，甚至无谱，只有一张世系图。南方宗祠很普遍。因为南方战乱少，长期稳定，因而多血缘村落，宗族势力大。

优美的自然环境、悠久的历史文化，特别是发达的商品经济及市场流通体系孕育、繁荣了江南迷人的水乡古镇和江南绚丽的传统建筑文化。在江南地区，人们常常会选择前有弯转河流的地方南向建宅院，宅前修池塘，溪水院中过。人们建造高举架大跨度穿斗式木结构楼房，以大坡度起脊、两流水带举折前檐瓦屋顶，迅速排掉台风带来的暴雨，遮挡夏季强烈的直射阳光；以前厅、过厅、正厅和厢房围合成几个小天井，由挑檐、卷棚组成宽广的檐廊，融室内室外空间为一体，加大了房屋进深；而隔扇门窗前后对开，形成水平方向对流穿堂风；狭而高的天井、楼梯间形成的风筒都能导出上升气流，使厅堂保持空气新鲜程度和适宜温度。外墙通常采用砖砌空斗墙增加热阻，会同架空屋顶所形成的空气层，减弱了热辐射。人们用采光天井和白底粉墙照壁，使周围房间都能得到柔和的光。

北宋以来全国状元大部分集中于南方，文庙、书院、宗祠巍峨壮观；显赫的科举仕宦、退隐的致仕鸿儒、发达的富绅商贾常常会建起建筑精美典雅、幽静细腻的家族宗族宗祠。封建伦理、儒学传统、风水习俗等都直接影响着这些建筑的总体布局、空间处理、细部装修等，在设计建造上都有独到的手法，这是江南地域人文因素在建筑意识上的体现。

江南名门望族大宗祠建筑讲究诗礼传家，广庭深院，气宇轩昂，而普通小宗祠也精致典雅。在府州层级，徽州和婺州尤为突出。在徽州，几乎每个村落都可以看到巍峨高大的宗祠。徽州宗祠因为建构精美，被视为"徽派建筑三绝之一"。如安徽绩溪的胡氏宗祠，前进七开间，面宽二十二米，进深八米，高九米。门楼又俗称"五凤楼"，取"丹凤来仪"之义。为重檐歇山式，屋顶上所筑的八大戗角，气势雄伟壮观。门楣上大小额枋全部精镂细雕，内容有人物、麒麟、走兽，额枋边雕以荷花瓣。额枋与檐口之间设斗拱十六个，底座为云纹雕刻，使整个门楼成为了一个木雕画面。

江南宗祠建筑装饰充满着水乡情韵。传统宗祠建筑里那些不断重复的龙、狮、虎、鹿、鱼、燕鹊、蝙蝠、松树、仙鹤，快快乐乐的神仙，象征着一个家族世世代代的思索与梦想。用戏曲情节来做建筑构件的装饰和壁画内容，各地都很普遍。戏文中的信条会逐渐内化为族中子弟的人生信念。屋脊大量地运用鱼、草、水生动植物做装饰，梁枋被雕刻成翻卷的波浪，好像整座房子都被水所覆盖，寓意"时来运转、远离祸患"。

明代徽州知府何歆以政令推广封火墙，这是中国消防史上的一个里程碑。徽州传统民居宗祠两坡顶封火山墙随坡面高低起伏，有"三封山、五封山、七封山"之分，而因五封山造型似五座山峰，又有"五岳朝天"的美称。整座封火山墙形如屏风，粉墙黛瓦，层层叠落，如鹭鸶栖居，如仙鹤展翼。其功能之美、技艺之美、意蕴之美、意象之美，已成为徽派建筑艺术的主要特征。徽派建筑，是江南"干阑式"民居和中原"四合院"民居的技艺整合与集成创新。

安徽状元数在清代名列第三位，在家乡大力建造"状元府""大夫第"和宗祠。徽商致富后除了在家乡营造文化氛围浓重的徽派民居宗祠外，还在他们长期经商的扬州、苏州、南京、杭州等地营建豪宅名园。

古徽州宗祠数以千计，至今保存较好的有100多个。这些古宗祠大多气势恢宏，建筑精巧，雕饰富丽，风格典雅。它是历史上宗法势力的象征，又是特定时期、特定地域文化的表现。宗祠是徽州建筑的重要类型之一，是徽州宗族文化的物质载体。明、清对宗祠占地之多，空间层次之丰富，插梁式木构架用料之硕大，宗祠大门独特的标志和装饰，"三雕"装饰之精美等，在徽州民居聚落中"鹤立鸡群"。宗祠以结构之严谨，雕饰之完美大放异彩。徽州宗祠的大门门罩集徽州"三绝"——木雕、石雕、砖雕之大成，或简练粗放、典雅拙朴，或精湛细腻、玲珑剔透，具有很高的欣赏价值，是体现徽州传统建筑与地域文化、建筑功能与建筑形式、建筑空间与装修装饰完美结合的又一建筑类型。

徽州宗祠木构架为插梁式构架，每檩之下皆以立柱或瓜柱承托。明、清以来，徽商富甲天下，豪宅、巨祠林立，炫财斗富之风甚炽。大型宗祠的木构架脱离开力学的轨道，而向装饰方向发展，而且形成了地方形制。其重要特点即是梁柱断面明显增大，雕饰增加很多。三架梁、五架梁的断面呈巨大的椭圆形，上下砍平少许，做成弯弯的月梁形式，梁端浅刻出卷曲线；瓜柱为梭形，底端做成鹰嘴，抱于梁上；前檐底层的穿梁（相当于额枋）亦做成肥大的月梁，以显示其气派；梁、檩端部皆以插栱承托；大的厅堂室内皆有重椽式的天花吊顶；柱身上下收分，呈梭柱状；再配以雕饰华美的楼层栏杆，使得建筑雍容华贵，气派非凡。徽州宗祠木结构的用材硕大，柔曲弯拱，给人留下了深刻印象。清代末年，虽然以直梁代替了月梁，但梁身雕饰加多，图案琐碎。挑檐、挑平座下的斜撑也变成了动物、人物的圆雕品，增加了世俗的趣味。

宗祠建筑既突出又有机地和谐于整个聚落、街巷的结构、周边的民居建筑群。宗祠的入口大门和大门前场地的尺度，宗祠的色彩和码头墙的造型等方面充分体现了这个特色。徽州宗祠建筑形制较固定，一般由纵向三进院落组合一些建筑空间而成。仪门、庭院、享堂、寝殿位于中轴线上，两边有厢房、廊庑等。由大门至寝殿的地坪逐渐升高，外观高耸、封闭，门楼浓墨重彩的装饰，体现着宗族的权势与当地匠人们精湛的技艺。

徽州宗祠的平面发生了一些变化。宗祠有的无前序院落空间，有的前序空间为公共活动广场，并将牌坊纳入空间构成元素；有的宗祠则因地形、风水等，设置前序院落，形成了祠堂内部的室外公共空间。徽州宗祠内天井的两侧，多数以廊庑连接前后两进房屋，但也有少数在天井较小时，两侧不设廊庑，房屋沿纵向轴线前后排列。有些徽州宗祠，三进较二进升起较多且距离较短，这时天井变异成水池，两侧廊庑内设楼梯。影响宗祠平面构成的还有宗祠局部层数的改变，如寝堂为二层，祭祖活动和近祖牌位仍在一层，二层作为供奉远祖牌位兼作储藏。

宗祠的立面形象，是入口大门的门楼形象，主要类型为以下三种：

第一类，屋宇式门楼。门楼由一层或多层单坡屋顶组成，有形成三凤或五凤楼的，也有较为朴素的单坡屋檐。

第二类，"八"字门楼的入口门洞退进少许，形成两侧"八"字侧墙；门楼可是屋宇式，也可是"一"字门楼式。

第三类，牌楼门。门楼由数层翘檐以及其下的构架装修嵌贴至墙面，形如三间四柱五楼。

徽州是徽班活跃之地，而徽州早期戏剧，如各种傩戏，也兼有祭祀仪式功能。因而，古徽州的戏台多附属于宗祠。宗祠的仪门兼作戏台，中部台板可拆卸，重要祭祀、庆典时拆下，恢复宗祠仪门功能；有的两侧廊庑建成两层，供女眷观戏，大堂兼作观众席，形成封闭式戏园。

宗祠的色彩和传统民居类似，外部色彩以黑、灰、白色为主，内部装饰相对民居来说较复杂，天花、梁架等部分有所装饰，以暖色调为主，且色彩大多比较稳重而不艳丽，如牌匾和对联的色彩通常用蓝、灰等中性色。徽州牌坊的色彩即石材本身颜色，以青、灰为主，裸露出材料的本色，较少饰以色彩。总体来看，明代以后徽州建筑的外部装饰集中在门罩、斗拱、线脚、雀替等几个部分。以民居为典型，宗祠、牌坊在色彩上基本统一，集中反映着徽州族群的色彩意识——注重内涵，淡化外在；外部典雅，内部精细。

浙中地区的宗祠分布广泛，建造时间跨度较长，建筑形制复杂多样。总体上遵循《家礼》的规定，由于宗族经济实力的差异、不同时期社会观念的变化以及建造技术的发展等因素的影响，宗祠形制存在着较大差别。最为常见的宗祠建筑布局序列主要有三进：从前到后，一是前厅，即门楼或门屋；二是中厅，或叫享堂、祀厅、明厅、拜殿；三是后厅，又叫寝室、后寝、隐堂，专门用于供奉祖先神位。

古婺州地处浙中。邵建东所著《浙中地区传统宗祠研究》中说，汉、唐、两宋时期，原有越族居民流散，北方移民大量迁入，促进了浙中地区大规模的社会开放与经济发展。南徙的北方移民多聚族而居，奠定了浙中地区以单姓乡村聚落为主的基础，宋室南迁后，金华被称为陪都，浙中的地位迅速提升，被誉为"江南邹鲁，仙游圣地"。明、清之际，许多徽商沿新安江顺流而下，在兰溪、金华一带定居，带动了当地商业的繁荣与发展、手工业的发展以及人口的增长。营造奢华的民居和宗祠建筑来显示宗族及家族的兴盛，在当时已蔚然成风。

民间在宗祠建造过程中灵活处理宗祠正面的开间数、台基石级的级数。有些宗祠通过"明三暗五"的方式进行巧妙的处理，甚至建成七开间；有些宗祠依山而建，大大抬高后进，石阶达五级以上。宗祠不论规模大小，其中大部分的平面布局是方正的。有些宗祠扩展了宗祠的其他社会功能，会在不影响宗祠总体布局的前提下添建一些附属建筑。部分宗族在建造宗祠时，结合地理环境、宗族愿景等，对宗祠格局进行适当的调整，形成了"回""吉""品""凹""王""工"字形和鸡形等比较特殊的平面形制。

浙中地区宗祠的门面总体来说比较朴素简洁，大致上有五种门面形制：最为常见的门面是在与民居建筑非常相似的前厅中间开一大门，在大门的上方题写宗祠名称，屋面为硬山两坡顶；二是在一进明间前檐做"八"字墙，大门内缩，左右置抱鼓石，大门上方悬挂宗祠牌匾，增强宗祠的神圣地位；三是具有徽派雕刻的磨砖门面，三层楼高，大门上方石雕宗祠名称，配有吉祥图案等砖雕，简约而不失华贵；四是牌楼与大门有机结合的门面形制，两柱三楼、青石坊竖立在大门位置，宗祠大门内退，宗祠名称或雕刻在牌楼中间的石板上，或悬挂在里面的宗祠大门上方；五是具有欧式建筑风格的门面，主要建在民国时期，极其稀少。

浙中地区宗祠戏台比较普遍，建在宗祠大门的后面，面朝拜厅。一是全部建在门屋明间里面，扩大了戏台前天井的面积，可以容纳更多观众；二是一半凸出于明间之外，明间一半兼作戏台；三是全部凸出，后面与明间相连，较为普遍；戏台基本呈正方形，戏台屋顶以歇山式为主，明间突出，次间稍低，翼以两角，呈重檐之势，屋角飞翘，线条优美。戏台上方为拢音而多用藻井。

浙中地区宗祠的屋顶以硬山顶为主，五脊二坡，屋顶左右屋檐不出山墙，两侧山墙从下到上把檩头全部封住，有些还做了各种形式的封火墙。兰溪诸葛镇诸葛村丞相祠堂的门楼和中庭是单檐九脊顶，除一条正脊、四条垂脊外，还有四条戗脊，正脊的前后两坡是整坡，左右两坡是半坡。明清时期，五品以上官吏的住宅正堂才能用歇山式顶。

明、清时期，参加科举考试取得举人、进士等功名，官府不仅授予爵禄，还赐予旗帜，竖立在精工建造的石夹上。旗杆的作用有二：一光耀门楣；二激励后人。文功名旗头雕成笔锋，武功名雕刀戟或镌麒麟。状元旗杆，基石上还可刻龙、凤、麟、鱼、鹤等吉祥物。这些旗杆是浙中地区各宗族耕读传家、倡导儒学、注重教化的集中体现。

很多宗祠门前都有较大的空间，或是一块平坦的空地，或是一口较大的池塘，或是蜿蜒流过的溪水，或是直接面对宗族的耕地。但也有一些宗祠门前的空间比较局促，甚至对面有其他建筑物，会在宗祠大门对面建照壁或屏风。

浙中地区的宗祠一般都祭祀最早迁到该居住地的始祖，许多宗祠的门联和柱联表明了宗族的祖籍与来源。宗祠内编纂的家谱更是详细记载了宗族的郡望、迁徙、分布、派系、世系、人物、事迹、艺文、祠图、阳宅图等内容，比较系统地展现了宗族发展的概貌及人口繁衍的完整资料。宗祠见证了宗族曾经有过的辉煌，牌坊、旗杆、圣旨牌、匾额、楹联等是宗族辉煌历史的永久见证。

东阳素以"建筑之乡、木雕之乡、百工之乡"闻名遐迩。东阳地区明、清以来涌现过不少官宦富商，民居宗祠的建筑艺术要求日渐提高，加之东阳地区高手匠人辈出，因此在建筑大木作上也形成了相应的帮派，称为"东阳帮"，与"宁绍帮""苏南帮"并称为江浙一带的重要建筑技术流派。东阳大型宗祠的插梁式木构架与徽州有类似之处。梁枋肥大，椭圆形断面呈月梁形，拱弯度更大；柁墩处改用斗拱承托。联系梁（如三架梁，廊步的单步梁等）皆有复杂的造型及雕刻，做成象头、云卷、猫拱背等形式；廊步皆有轩顶；出檐有雕刻复杂的挑木、撑拱，雕刻意匠比徽州民居更为华美精致。

浙中宗祠在建造实践中，十分注意因地制宜。除了大部分朝南以外，朝东、朝西、朝北的都有，体现出一种灵活性。许多宗族为了防止雨淋、虫蛀，使宗祠更加牢固以便保存更长的时间，纷纷采用当地的青条石作为石柱，有些梁架甚至也用石料。

宋代以后，当时江南最为繁华的苏州成了整个江南文化圈的重要组成部分，建筑结构与装饰极具地方特色。明成祖迁都北京，把南京变为"留都"，留下了许多闲职散官。明代中叶，南京、苏州等地的造园达到了高潮。

苏州太湖流域经济发达，人文荟萃，建筑工艺精细，民居宗祠木构架自成一系。苏州民居式宗祠木架构做法，实际上代表了苏州、无锡、常州、南京、上海，以至于杭州、湖州等泛太湖地区的通用做法。苏州民居式宗祠木架构有平房构架与厅堂构架两类。平房构架（包括楼屋）一般用于三开间较小的厢房、门屋及上房等建筑。该种构架为简单的抬梁式构架，进深不过五架，大梁跨度最大不过四椽长度。若进深尚须扩大，则在前后加设廊步或双步。山墙架加设中柱，使之更加稳固。若为楼层，则在柱中腰加设承重大梁及穿枋，搭设搁栅及楼板。楼层上部还可利用承重梁出挑，做出挑台或者用斜撑支承挑木，使立面的造型及空间变化更为丰富。

苏州厅堂式宗祠的木构架更为华丽，其构架原则仍为抬梁式构架。按梁枋断面，又分为圆堂厅及扁作厅。圆堂厅的梁枋断面为圆形，扁作厅的梁枋为矩形，且做成月梁形，梁的高宽大大超过承重需要，梁端有斗拱、棹木、雕花蜂头机，梁身有浅雕花饰。扁作厅多以斗拱代替童柱，而且脊檩两侧有抱梁云，山雾云的雕刻花板。木构架上虽无彩画，但仍显示了雍容华贵的气派，是一种装饰性很强的构架。还有一种直线形月梁的拱式屋架，多用于园林建筑中。在前廊尚有各式弯椽组成的轩顶天花，各式天花的组合搭配办法很多，形成了内部空间不同的各种厅堂。苏州厅堂式宗祠木构架实际为一种着重装饰意味的构架，它采用加大梁枋截面，增加斗拱、雕饰，加设轩顶、重椽，改变室内空间的办法，以取得结构意味的恢宏气派。这一点与闽南地区的构架有着相同的意匠。用于宗祠建筑，气势宏大、雍容华贵，尽显先祖威德、宗族荣耀。

■ 高敞华丽而秀美：岭南宗祠

岭南古属百越之地，背山面海。自秦始皇二十六年（221年）分兵过五岭，统一南疆，岭南地域就基本确定了。岭南文化源出中原，以极大的兼容性，融合接纳吴楚越、汉苗瑶等文化，形成了"多元共存、多姿多彩"的岭南文化形态。岭南特殊的自然环境和历史社会背景孕育了岭南独特的文化艺术气质，并直接影响着岭南建筑的发展及特征。

岭南传统宗祠的木构架硬朗秀美，有抬梁式、穿斗式，更多的是明间抬梁、次间穿斗；或内槽抬梁、外檐廊穿斗，结构灵活多变。岭南多雨潮湿，石柱、石梁颇为常见。月梁是岭南较常见的一种梁式，后来逐步被装饰化了，在明、清时期被广泛应用。雀替也变成了雕花板，平身斗拱更变成狮子或花板石雕。岭南木构为防腐防蚁，木材都尽量外露。前廊多做成假卷棚顶，称为轩廊。

广东潮汕地区与闽南相毗邻，宗祠木构架形制如闽南，但大梁多用方木，圆柱形瓜柱插骑在梁上；单步穿枋多为月梁，穿枋穿越瓜柱的一侧设有"楚尾"（一种雕刻有花草纹样尖形饰件）；有的建筑往往以竖叠的大斗代替部分瓜柱，称为"叠斗造"，梁架亦有彩绘。与闽南式构架一样，表现出商帮炫富显贵的追求。

宋代，岭南建筑布局向纵深方向发展，进数增多；建筑平面布置与自然环境配合较密切，注意到景观及观景，内部较开敞通透，内外渗透，建筑因形就势，注意群体组合的错落参差；建筑轮廓变化灵活，艺术形象丰富；建筑细部向精巧、细致的方向发展，向图案化、标准化过渡；门窗和栏杆样式多了，装饰线脚和花纹较为秀丽、绚柔。

岭南建筑在明清时期的发展与成就不容忽视，此时出现了以砖代木的趋势，琉璃瓦普遍应用在宗祠建筑中；建筑布局呈现向大型群组方向发展的趋势，多进多路的组合构成了巨大的建筑群，建筑与自然环境进一步结合；村落多成片布置于风景优美的山间沃野，可住千人以上的大村为数不少，"九厅十八井"的民宅不计其数；在风格上进一步趋向于轻巧华丽；建筑体型比例升高，屋顶坡度变陡，斗拱变小或取消，常用挑梁出檐，出檐渐短，檐口简化。柱子已少有宋代"生起""侧脚"的做法，柱子和梁架用料较小，梁架装饰线条渐趋复杂，月梁简化，"托脚"和"攀间"取消或变成弯枋，桁距变小。

清末外国商人来岭南的人也变得多了起来，华侨归来建房者也有不少，引入外国的建筑与艺术，出现了"百花齐放、丰富多彩"的建筑形象。岭南建筑因被手工业与商业带动，建筑装饰、装修均有长足的进步，通过挂落、花罩、屏风等分隔与组合空间达到了高超的水平。

广东的宗祠大多兴建于明清时期。宗祠有足够的空间供祭祖之用，同时满足宗族议事、维护宗族规法等要求。为了让更多的族人能参与进来并接受教化，在宗祠内开设戏台，举办一些娱神庆典活动并逐渐普及。

岭南宗祠建筑,种类繁多。较有代表性的有祭祀江河海的建筑,如广州南海神庙、德庆龙母庙。祭祀真武帝的建筑,著名的是佛山祖庙,创建于北宋元丰年间。对于关公,几乎家家都奉祀,求财保安。祭祀历代名人圣贤的建筑,较著名的有潮州韩文公祠、高州冼夫人庙、海康雷祖祠、五华英烈庙等。

岭南宗祠的特点是具有规整对称的构图,层层深入及步步升高的空间层次,严肃的大门和广场,华丽的装饰、装修与吉祥教化的题材。广州陈家祠(陈氏书院),为其佼佼者,三进五明间,两侧廊庑纵横,九堂六院,气势雄浑,装饰精细,富丽堂皇。东莞河田方氏宗祠、番禺沙湾留耕堂亦相类似。潮州己略黄公祠与彩塘从照公祠等各有特色,保存完好。

封建礼制始终都是岭南宗祠建筑设计的中心思想。中轴对称、方正庄重、规则协调是平面布局的主流。平面类型丰富,建筑尺度多升高,前低后高,以整体的环境设计来达到降温效果。岭南村落以宗祠为中心的居多,住宅常因祖堂而定。从属房屋,多左右平衡配置,突出中心;在开间尺度上、间数上和进深上加以强化,前面的池塘与后面的山丘林木加以陪衬,建筑整体感强。循序渐进地组织院落的空间序列,庭院间多有庑廊、门、檐廊等过渡和联系空间;厅多为敞厅,门窗多向天井开敞,营造出恬静幽雅的特殊意境。宗祠建筑要"藏风得水","龙"须具奔腾之势,俊秀灵活,使建筑适应自然环境。为抗御岭南地区常会遇到的台风与地震,总体木结构是以穿斗式为主流,明间因功能需要而采用抬梁,偏间就用穿斗构架或直接用山墙承重。为加强抬梁架的刚度，常把筒柱变瓜柱，加长瓜柱的比例，抬梁架的下梁与金柱用榫固接，把抬梁与外槽穿斗式框架组合成整体，共同受力。建筑就地取材，因材致用。明清时期，一些祠庙、牌坊、趋向檐柱常以石代木。明以前广州多用红砂石，明以后多用花岗石，通常用于柱础、压檐边、步级、通道、山墙挑檐、外柱墙基、外栏板、须弥座、勒脚等。

宫殿式的宗祠建筑，风格较为壮丽豪华；民居式宗祠风格比较朴素清雅。它们强调脊饰的艺术造型作用；脊饰比例较高，脊饰主题多为民间偏好的岭南风物人情。脊饰强调入门的端庄与气派，通常设有凹凸廊与高台基，防风避雨，产生立面阴影，以虚实对比来加强中轴。门簪和楹联精心雕凿，蔚为壮观。门上屋顶也较两边有所升高，前面还有石狮、抱鼓、旗杆石等。出于防风、防火的考虑，大量采用硬山顶，其上端砌成有各种形象，创造了丰富多彩的山尖形式，活跃了岭南的建筑外观。有些宗祠把山墙做成排山滴水，施加彩画泥塑，更丰富了

▲ 广州陈家祠

侧立面的景观。

岭南宗祠建筑比较高敞,柱子在建筑艺术造型中居重要地位。柱子的断面有圆形、八角形、四方形、花瓣等图案。柱础为防潮雨,比例高,造型样式多。柱头常见有"莲花托"如意斗拱或出挑华拱。宗祠建筑有浓厚的地方特点,工匠们用三雕(砖、木、石)、三塑(灰、泥、嵌瓷)及彩画等工艺装饰梁架、柱、门窗、脊、檐、台等处。木雕以灵秀著称。潮州金漆木雕桁架,花样多,结合受力情况,灵活处理,颇有特色。厅堂内部常用罩来确定空间范围,分而不隔,其形式有落地罩、圆门罩、博古罩等,雕法常用通雕、拉花和钉合等。岭南的神龛多施木雕。宗祠外装饰常用石雕,部位有挡板、台阶、柱础、抱鼓石、门框、牌坊等。石狮形态生动、线条流畅。石牌坊构图奇巧多变,刀法浑朴自然。广州附近砖雕颇为常见,多用在门额、墙头、栏杆、墀头及通花漏窗。陈家祠以正面四幅大型墙头砖雕著称,它是由一块块质地细腻的东莞青砖细雕精刻接拼而成的,内容为"聚义厅""群英会"等民间故事,画面大,层次分明,极具表现力。

用在屋脊上的陶塑、嵌瓷,配合琉璃瓦屋顶,使建筑物富丽堂皇,斑斓耀目。岭南壁画,多用于建筑中受人注目的墙面,如山墙、门廊、屏门、侧壁等。在宗祠中多为歌功颂德的人物故事,门神是绘在门上的国画线描平涂文官武将。

■ 精致典雅齐争辉:台湾宗祠

明朝末年,郑成功收复台湾。清朝初年,大量居民随清军迁入台湾,福建与台湾合治为一省,直至光绪年间才分设两省,因此闽台之间在语言、服饰、风俗习惯、宗教、饮食居住、民间艺术等方面皆有很多共通之处。台湾民居的形式也明显具有闽南风格，即以平房为主，中间为正房，为祭祖、待客及全家的活动中心。两侧为护厝（当地称为护龙，即客家人的横屋），组成三合院。大家庭多建造两三进厅房，或在外围加建外厝，扩大平面布局，即为闽南常用的"几堂几横式"。住宅前面可建照壁或门屋，中间围成庭院。在农村中三合院间的庭院是敞开的，称为"埕"。台湾的民宅多带有庭院，亭榭廊桥、假山池塘，密度较高，人工气息明显，讲究精工细作木工雕饰。

　　清代中期以后，官富住宅的开始加入精细的木工雕饰，清代后期在传统民居中往往会增加西方的建筑装饰，使室内雕饰更加烦琐。台湾的民居式宗祠木构架是由闽南形式跨海传播过去的，其中也加入了

潮汕的一些手法，应与闽南是一个系统。

台湾宗祠的外观大致可以分为两类：一类形如合院民居，较朴实，除了屋脊使用燕尾外，与一般的传统宅第没有差别，甚至有的宗祠就是直接使用的原来的古厝；另一类大型宗祠形如宫殿，雕梁画栋的外观几与寺庙无异，具有彰显家族地位的意味。台湾高山族卑南人称宗祠为"卡努马安"，意思为"灵屋"，是安放祖灵并举行祭祀活动的地方。每一氏族均有"灵屋"一所，灵屋平面呈方形。

台湾的宗祠因其祀奉的对象不同，可分为供奉先贤先烈及宗族先祖两类。宗祠通常有单殿、两殿及三殿三种格局，其中以前殿为门厅，第二殿为正堂的两殿式宗祠最为常见。

大型宗祠通常会沿中轴门厅、中埕、正殿、后殿依次展开。门厅，即前殿，因祀奉的祖先或先贤先烈不具神格，立面形式多为三开间，开三门或一门。门楣上高悬的门匾、左右门联或窗楣的题字，标志着宗祠的属性。中埕，正堂前的天井，正式祭典时参与者依序排列于此。两廊或护室，两廊平常为过道，祭典时可以容纳较多的观礼者。正堂即正殿，在宗祠又称祖先厅或正厅，为安放神主牌位的空间，挂满匾额；在外观上，以使用一条龙脊的屋顶为其特色。正堂为敞厅形式，木结构精美。正堂内的神龛雕刻精细，以隔屏分别内外，神龛内常设阶梯状的木架子，层层安放有历代祖先或先贤先烈牌位，中间是最古远的先祖。设置后殿的宗祠为少数，有的将主祀者远祖牌位置于后殿。金门又将无子嗣而领养外姓者称之为花宗，日后虽发达，却只能置于后殿，而不能进入正殿，祭祀时也只能由后殿的侧门进出，所以特称后殿为花宗祠。

宗祠里匾额数量的多少，代表着宗族以及家世的显赫程度。宗祠中常见的匾额分成三类：表示祀奉的主题，如节孝祠、褒忠祠、某氏家庙或某氏宗祠；以该姓氏的衍生地及发迹地为堂号等；还有功名事迹匾，包括进士、文魁、武魁、贡元等功名匾，内阁大臣、巡抚、御史等官职匾，振威将军、光禄大夫等封赠匾，用于表现希望子孙光宗耀祖的美好心愿。彰显祖德匾，借由匾额提醒子孙慎终追远、重视伦常，常见的有祖德流芳、诒厥孙谋等。门框、柱子或神龛上都有对联，在门板或窗楣上也常以四字一句左右栭配。其内容是追溯家族先祖的来源，提醒子孙慎终追远，或歌颂先人的德泽，以期盼子孙克绍箕裘，光宗耀祖。

　　台湾宗祠彩绘的用色，按照清朝的规制，三品以下的门屋一律使用黑色。宗祠的所有梁柱及门板皆以黑色为底，甚至外侧山墙的粉刷也用黑漆，即使木雕或梁枋彩绘再缤纷多彩，但是在大面积的黑色影响下，似乎所有铅华都被沉淀了下来，典雅肃穆之感油然而生。金门地区的宗祠则多能遵守彩绘的用色原则，宗祠的门板以黑色为底，上绘秦叔宝、尉迟恭或神荼、郁垒门神。有些大型宗庙如台北黄氏家庙，建筑精美，用色华丽，与寺庙争辉。

知识链接

宗祠的木承重结构

　　宗祠建筑的结构体系可分解为承重结构、屋面构造、围护结构以及地基与基础若干部分。其中，以木结构为主的承重结构最具传统特色。

　　作为传统主流建筑，我国大部分地区长期使用的木构架体系，取材方便，便于加工。由柱、梁、檩、枋等构件形成框架来承受屋面、楼层的荷载，房内空间分隔自由，门窗也可任开设，因此适应性较强。模数制的采用和木构件定型化，组合拼装容易，施工速度快，便于修缮、搬迁，而木材本身就具有柔性。再加上榫卯节点的滑移，增强了抗震能力，形成了我国既独特而又成熟的建筑技术与艺术体系。

第三章
名门望族的宗祠

  名门望族是指拥有厚重历史的而声望又很高的家族。气势恢宏、富丽堂皇的宗祠，正是这类家族追溯历史的纪念馆，彰显名望的展览厅。因此，在宗祠内清晰可见标榜门第、张扬功名的象征物。古时的一些富商巨贾凭借其雄厚财力，广置祭田，大修宗祠，一为世代富贵，二为光宗耀祖。在当地至今仍留有大量的宗祠建筑。本章选取了一些颇具特色的名门望族的宗祠，算是沧海一粟，切不可管中窥豹，以免贻笑大方。

第一节　湖北省名门望族的宗祠

■ 大田村伍氏宗祠

大田村伍氏宗祠位于阳新县三溪镇。宗祠占地约 2700 平方米，坐北朝南，背靠绵延青山，前面视野开阔，有溪水潺潺流过。清顺治十年（1654 年），伍氏先祖意宠、爱日公组织十二户同宗人在此始建。300 年来，尽管宗祠屡有重修，但其风貌古朴依旧。

伍氏宗祠是南方少见的院落天井式建筑。正殿前有一个院落，院门是高耸的牌坊式门楼，三门并立，中央大门的门楼稍高，有三阶墙垛。门匾上的"伍氏宗祠"四字苍劲有力，门框上端的立体浮雕"渔樵耕读"已很难辨别，门框内侧上角各雕有一只动感极强的石狮，大门两侧置有一对精美的抱鼓石。门楼上方正中设宝瓶与造型独特、状如兵器的金属器物，人称其为伍姓所崇尚的图腾，或为建筑屋顶常见的辟邪物。

由门楼而入，便是院落了。院内是可容下千人看戏的坪地，回首可见背靠门楼正大门而正对着宗祠的戏台。戏台有四柱三间，翘角拱檐，梁枋上有浮雕人物，戏台下方的石雕是卷龙图，云龙交织，龙卷云飞。从戏台两侧的附属建筑残存来看，原本应有廊庑与宗祠正殿相连。宗祠正殿为三开间，面阔二十四米，深五十米，三进二天井。第一进门厅，设木栅栏为门；第二进为享堂，是族人集会、处理本族事务之地，内中高大宽敞，装饰重点是天花藻井和柱础，藻井施以五福捧寿等色彩鲜艳的彩绘，五对石柱础却是高低不同、繁简有异，不知其中有何讲究。其过梁上悬挂有清代阳新名人陈光亨题写的匾额"世德发祥"（陈光亨有"铁御史宗祠布衣国师"之誉）；享堂和寝殿之间有雕花隔扇，两者之间的天井中伸入抱厦，抱厦与寝殿地面高于享堂。四柱的抱厦前一对柱础尤其醒目，那是一对高大的花瓶状石础，四面雕有吉祥图案，且雕以狮足。第三进寝殿为供奉祖先牌位之处。

此地的伍氏为春秋末期吴国大夫伍子胥之后，寝殿神龛上供奉的正是伍子胥的塑像，神龛前还悬挂有绘着伍子胥像的画布，两侧袝祀的神像前也悬挂着画布，其上分别绘有彭夫人像与蔡夫人像。

相传，伍子胥之父伍奢为楚平王子建太傅，因受奸人费无极陷害，与其长子伍尚一同被楚平王杀害。伍子胥逃离楚国后，隐姓埋名，几经辗转，在逃难途中结识了蔡姓女子，并娶其为偏室。一天，伍子胥百般忧愁，须发逐渐变白，蔡夫人关切地询问其原因，伍子胥便将身世如实相告，并再三嘱咐蔡夫人千万要保密，不能说出去，谁知蔡夫人为了让伍子胥放心，竟毅然投井自杀，这让伍子胥十分感动。据《伍氏宗谱》记载，伍子胥第四十世孙伍纶备，在南唐时自楚岳州（今湖南岳阳）行至阳新，落脚于此繁衍生息。然而，在民间传说里，伍子胥后来率吴国军队去攻打楚国途经这里，在此驻军并留下儿孙。伍子胥为了报答蔡夫人的恩德，视之同正室，每年的蔡氏忌日都在此举行隆重的纪念活动，后来逐渐演变成了社戏。相传，此地伍氏各庄至今仍保留有每年举行春祭、秋祭的习惯，并由各庄集资请戏班前来唱大戏。

▲ 大田村伍氏宗祠

在我国的历史中，伍子胥自楚国逃至吴国，成为吴王阖闾的肱骨之臣，是姑苏城（今苏州）的营造者，至今苏州仍有胥门。吴国倚重伍子胥等人之谋，西破强楚，北败鲁、齐、徐，成为了诸侯一霸。然而，伍子胥虽忠心辅佐吴王夫差，却因其再度劝谏夫差暂不攻齐而先灭越，激怒夫差而被其残忍杀害。于是，伍氏有家训曰："不仕官，忠报国，心为民。"尽管后世子孙难免走上仕途，但"忠报国，心为民"的家训仍被伍氏后人铭记在心。在其享堂内，长达30余米的木雕月梁上，雕有人物故事连台本戏图案，演绎的是祖德宗功。清代伍氏后裔有诗赞曰："宗风有自涤尘襟，不尽吟怀感慨深；为掉残躯三寸舌，难忘捧日一丸心；真忠不没参天地，正气常存振古今；破国怒涛遗恨在，尚留明月照丛林。"

■ 阳新梁氏宗祠

坐落于阳新县白沙镇梁公铺的梁氏宗祠，又称光裕堂。宗祠始建于清康熙己卯年间，距今约有300年的历史。据《梁氏宗谱》载，当年主持宗祠修建的是康熙朝正二品官员梁勇孟，由当时梁氏宗族的六大户出资出力合建而成。

宋太宗雍熙二年（985年）乙酉科状元梁颢的家族，依靠科举上的巨大成功和入仕高官的众多，而成为当时少有的几个地位十分显赫、世代为宦的科举官僚大家族，其家族地位维持了100多年。梁洲是梁颢家族中的一员，被封为镇平侯。在被派往前线带兵打仗，功成隐退阳新枫林镇的宋家山上定居下来，黄石地区的梁氏族人尊为迁黄始祖。据《梁氏宗谱》记载，梁洲出生于宋开宗四年（971年），膝下有四子，即文禹、文质、文国、文通。

宗祠坐北朝南，左扶赤马，右倚七峰，黑瓦粉墙，古色古香。门前地势平缓，视野开敞。宗祠建筑分为前、中、后三进，由连廊和厢房贯联：大门与戏台连体合为一进，两侧有双层宽敞的回廊，中央一进为享堂，设有祭祀台，高悬匾额；最后一进为祖宗堂神龛，供奉有梁氏远祖塑像和牌位。享堂与祖宗堂之间由左右双天井分隔，以抱厅相连，两厢有鼓乐楼。祖宗堂两边另设先贤祠和乡贤祠，与主祠呈三祠并立格局，在鄂东南仅此一例。而戏台两侧回廊之后，还建有对称的两个花厅，称"酒厅"，可同时摆下百桌以上的宴席，这是宗祠的又一大特色。

正殿中央供奉的是始迁祖梁洲公及其夫人梅氏。在他们左右两侧分别又竖立着若干尊雕像，左边是梁文禹及其夫人缪氏、梁文质，右边是梁文通及其夫人袁氏、梁文国。正殿左右两侧辅屋为先贤祠、乡贤祠，里面分别供奉着第九世祖梁鳣和第六十四世祖梁庭凤。梁鳣是孔子的"七十二贤人"之一，而梁庭凤则为元朝进士，曾任广西柳州府主簿，后被封为奉直大夫。

梁氏宗祠是当地保存最完整的大型宗祠，算上阁楼计房屋99间，形态复杂多样的天井有30口。宗祠以南北向纵轴对称布局，主入口为槽门联合"八"字门墙做法，有抱鼓石分立于两侧。

梁氏宗祠特色有三多，即牌匾多，有"内翰第""都督府""博士第"等；柱子多，大的顶梁柱有二十根，小的廊柱也有二十根；房间多，前后左右有近百间房屋，且多数房间都建有通风透光的天井，行走在宗祠之内显得排列有序，疏密适中，规划合理，规模非常之大。据清道光八年（1828年）的一块《作育人才》牌记，梁氏宗祠又是梁姓子弟每年春秋两季比试文章的场所。梁氏宗祠中的许多细节都颇具特色。从正方看去，高出屋面的滚龙脊，配合"八"字门墙使主入口非常突出，天际轮廓生动，气宇轩昂。大门的背后，石柱将戏台抬起的高度恰好与入口尺度适应，既限定了内部空间又不致使入口太压抑。享堂前部屋面出歇山抱厦与戏台相映成趣。其他如牌匾题刻、檐下木雕、宝瓶柱础、墀头砖雕等，工艺均精良高超。

知识链接

祖宗十八代

所谓"祖宗十八代"，指的是自己上下九代的宗族成员。

上九代按次序称谓：

生己者为父母；

父之父为祖；

祖父之父为曾祖；

曾祖之父为高祖；

高祖之父为天祖；

天祖之父为烈祖；

烈祖之父为太祖；

太祖之父为远祖；

远祖之父为鼻祖。

即父、祖、曾、高、天、烈、太、远、鼻。《正字通》曰："人之胚胎，鼻先受形，故谓始祖为鼻祖。"

下九代按次序称谓：

父之子为子；

子之子为孙；

孙之子为曾孙；

曾孙之子为玄孙；

玄孙之子为来孙；

来孙之子为晜孙；

晜孙之子为仍孙；

仍孙之子为云孙；

云孙之子为耳孙。

即子、孙、曾、玄、来、晜、仍、云、耳。书中说："耳孙者，谓祖甚远，仅耳目闻之也。"

第二节　浙江省名门望族的宗祠

■ 鸬鹚湾村郑氏宗祠

现今的鸬鹚湾村已成为西施故里景区的一部分，但鸬鹚湾村郑氏宗祠依然保存完好。鸬鹚湾郑氏由浦江县移徙至诸暨，宗祠被修建在有"风水宝地"之称的浣江东岸金鸡山脚下。宗祠占地约莫三亩，有三进两侧厢并带戏台。三进为门厅、中厅与寝室，但寝室已被改为展馆。左右侧厢即连接中厅，两层，楼廊可看戏。戏台坐落于大门内，面对着开敞的中厅与后进的寝室。郑氏宗祠正大门为五开间，外观阔大气派，门廊梁柱枋等木构件雕饰精美。大门明间匾额上书"郑氏宗祠"，左右次间匾额书有"宗风永漾"与"德布春光"。次间柱联书"诸山绕祥云凡鸟飞来能化凤，暨水腾瑞气池鱼跃去可成龙"，赞扬的是本邸的风水；明间柱联称"一脉真传曰忠曰义，两门正路惟读惟耕"，宣扬的是本族宗风。在郑氏宗祠里，戏台是雕饰的重点，额枋等处多有表现战争情景的浮雕，精美不凡。

郑氏家族以孝义治家而名冠天下。自南宋建炎年间至明代中叶，浦江郑氏家族十五世同居共食，鼎盛时期有三千多人同吃一锅饭，和睦融洽，尚义崇德，并立下"子孙出仕，有以赃墨闻者，生则削谱除族籍，死则牌位不许入祠堂"的家规，历宋、元、明三代，长达三百六十多年，出仕一百七十三位官吏，无一不勤政廉政。浦江郑氏家族屡受朝廷旌表，明洪武十八年（1385年），明太祖朱元璋赐封其为"江南第一家"，时称"义门郑氏"，又名"郑义门"。鸬鹚湾郑氏宗祠有长联曰："立品如岩上松必历千载风霜方可柱廊庑得成天阙，检身如璞中玉须经百般砥砺乃堪作圭玺而宝九州。"

▲ 鸬鹚湾村郑氏宗祠

　　郑氏宗祠还曾供奉了一代名姝郑旦塑像。春秋时期，在越国的苎萝村，有着两个名声远播的美人，一曰西施，一曰郑旦。二人并称为"浣纱双姝"。西施之名妇孺皆知，而郑旦却鲜为人知。当年吴越交战，越国战败，越王勾践开始了历史上著名的"卧薪尝胆"，谋臣范蠡策划对吴王夫差使用美人计。范蠡在浣纱江边发现隔江而居、情同手足的郑旦与西施正在浣纱，遂作为越"伐吴九术"中"遗之好美，以为劳其志"一术之"好美"而选中了郑旦和西施，教以礼仪，习以歌舞，献于吴王为妃，以迷惑吴王夫差，离间其君臣关系。她们临危受命，忍辱负重，吴王因此入迷途，不理朝政。因此，"越乃兴师伐吴，大败之于秦余杭山，灭吴，擒夫差。"然而，据史书记载，郑旦到吴国后，"因思乡成疾，抑郁而亡，墓冢在吴县黄茅山。"后人在郑旦的故乡西施殿里建有郑旦亭，还在郑氏宗祠里塑有郑旦像，终日香火不断。宗祠前有两座拱桥，分别为学士桥与孝义桥。如今，郑氏宗祠里，郑旦的塑像已佚，但"一代名姝"牌匾却依然威严地高悬于上。

■ 俞源村俞氏宗祠

浙江省俞源村于元代成村，如今住着俞、李、董三姓的住户。俞氏宗族分为以堂号为标志的房派，如逸安堂、声远堂、裕后堂、万春堂、德馨堂等，独立性并不强，没有建房祠或支祠，仅有三个香火堂。三座香火堂方均有一方空地，称龙头基，可供节日闹龙灯、擎台阁用。

俞源村现存的宋、元、明、清古建筑有一千多间。在村口有占地一百二十亩的太极图，村中布有"七星井""七星塘"。俞源村文化底蕴深厚，人文景观与自然景观密切融合，是古生态"天人合一"的经典遗存，系全国重点文物保护单位，也是首批中国民俗文化村。

▲ 俞源村俞氏宗祠

俞氏宗祠位于下水口，七星"斗魁"之内。宗祠的前身是建于明代洪武七年的"孝思庵"，是俞涞的四个儿子为父所建，后兵焚。明嘉靖年间，俞源有俞大有、俞昭、俞款、俞彬、俞世美五人在朝廷为官，为彰显俞氏家族的昌盛，重修宗祠，宰相严讷还特赠送了"壬林堂"大匾一块。明隆庆元年再次重建。俞氏宗祠三进五开间，共有房屋五十一间、大小天井八个，被誉为"处州十县第一祠"。祠内有雕花戏台"碧云天",更享有"金华八县第一台"的美誉。宗祠享堂五间,为明代建筑,梁柱粗硕,造作讲究,前檐双橡出水。宗祠整体建筑为砖木结构,高梁巨柱,歇山斗拱,规模宏大。宗祠前面两侧矗立着五对高大而森严的旗杆,代表着村里科举的荣耀与文运的昌盛。宗祠大门两侧有一对抱鼓石,自大门开始,宗祠分为五个台阶,一级进大门、三级进前厅、五级进后厅,有节节高升的寓意。

知识链接

古代雕花寓意

在我国古代,为使一些家具工艺看上去更加美观,工匠们通常会在部件上加一些雕花。每种雕花都代表着不同的寓意,以下就为读者们介绍几种常见的雕花。

梅、兰、竹、菊被称为"四君子",所代表的品质分别是傲、幽、坚、淡,是中国人感物喻志的象征。

牡丹花,牡丹被视为富贵吉祥之兆,还能给您以高雅美好的精神享受。选购这款木门,体现了主人雍容典雅的品位。

望日莲,又称"太阳花",是太阳神的象征,可以给人带来美好的希望,象征着生活快乐。

海棠花,有"花中神仙"之称,是皇家园林中的常见植物。

马兰藤,又称为金腰带、瓜子金。选购这款木门,寓意主人会腰缠万贯,象征着富贵吉祥。

还有一些叠翠、山形图案。代表传统五岳山形图,道教符箓,据称为太上道君所传,有免灾致福之效,寓意背山面水。这背后的山,也就是通常所说的"靠山"。

马蹄，古代战争，谁家的马匹多，就代表着财富权力和安全。

回纹，代表呈整圈一笔环连式，寓意富贵久远，故而民间称其为"富贵不断头"。

椒图，龙之九子之一，形似螺蚌，喜闭口，性情温和，不喜欢别人进其巢穴，因此人们常将其形象的头或爪子雕在大门的铺首上，或者刻在门板上，以给主人护财、看家。

第三节　福建省名门望族的宗祠

■ 洪坑村林氏家庙

浙江的洪坑村三面环山，群山耸立、林木葱茏，洪川溪自北向南贯穿全村，两岸地势狭长、平缓，一座座土楼依山傍水沿溪而建，错落有致，布局合理，与青山、绿水、村道、小桥、田园亲密无间，完美结合而融为一体，构成了一幅古朴、神奇的美丽画卷。

洪坑村为林氏村庄，宋末元初林氏在此开基。全村方圆各异的土楼有三十六座，其中，于明、清时期建造的规模较大的土楼有峰盛楼、奎聚楼、永源楼、福裕楼、阳临楼等。村内还有土木结构或砖木结构的林氏家庙、天后宫、日新学堂等。而且，居住在土楼中的人们，至今仍乐此不疲地享受着擂大鼓、舞龙、舞狮、迎花灯、汉剧、"十番"表演、艺人绝技、木偶、迎亲、客家山歌等精彩纷呈的民俗活动，可谓民风之盛可见一斑。

古朴的林氏家庙，四周有一些低矮的院墙围护，背靠青山，院外有池沼，两进一天井，后进略高，两边的附属建筑也渐次稍抬高。林氏家庙正厅祖龛上方有堂号"敬爱堂"。林姓是一个历史悠久的姓氏，出自黄帝高辛之后。据《史记·殷本纪》载，纣王暴虐无道，比干为少师之职，中正敢言，数次进言匡谏而获罪，被剖心而死。比干夫人陈氏有孕三月，逃难于长林石室中，诞下一男婴，名坚。周武王伐纣，封比干，赠其子为大夫，赐林姓。林姓人尊坚为林姓始祖。林坚后裔分属西河、济南二郡。传至林禄，正逢晋永嘉之乱，衣冠八族（林、黄、陈、郑、詹、邱、何、胡）入闽。晋明帝泰宁三年（325年），林禄奉命担任晋安郡（今福州）行政长官，成为开闽林姓始祖，其后裔散居在泉州、莆田一带。传至三十七世文德，南宋末年为宁化知县，居于宁化石壁村，是为入汀始祖。文德有九子，其子五郎于元朝至元年间移永定西陂岭开基，八郎留守石壁村。八郎的第三代达兴膝下有六子，长子茂青于元大德年间移居上杭白沙，再迁至永定抚溪鸦鹊坪。茂青娶有三妻，原配詹氏带两子移居洪坑，长子钦德在洪坑开基，次子紫材则先迁古竹洋竹，再徙陈东岩背开基。另二妻，其中一个携子移居湖雷堂背；另一个携子折回上杭白沙。永定林氏属西河郡，均为文德后裔。

清朝中后期，永定的林姓人又相继不断外迁，有迁往广东、江西、湖北、四川、台湾、香港等国内地区的，也有到东南亚等地的。永定林姓现有人口20000余人。林氏家庙院门联道："礼传东鲁，派衍西河。"上联的意思是"孔子弟子三千人，贤者七十二人"，贤者中有林坚的第十三世孙林放，林放问礼的根本精神，孔子告诫："大哉问！礼，与其奢也，宁俭；丧，与其易也，宁戚。"下联则指明了洪坑林氏的渊源。林氏家庙大门门联道："忠孝能存天地纪，山川长毓子孙贤。"意指晋安林姓始祖林禄二十四代孙林悦的故事。林悦，任侍御史，以"忠孝"见称。一天，他向宋仁宗请求回家扫墓，宋仁宗便让他呈其上家谱，仁宗皇帝有感于比干为国尽忠，而林悦为死去的双亲

▲ 洪坑村林氏家庙

尽孝,一门之中忠孝两全,于是在家谱上题写了"忠孝"二字。后来,这支林姓人因有了御赐的题签,便以此为荣耀,自称"忠孝堂"。前厅有联:"道山纪闻世承旧学,西湖遗迹远播高风。"其中,上联"道山纪闻"指为北宋理学巨擘林之奇之著作《道山纪闻》,此外,他还有《春秋周礼讲义》《尚书集解》《论语注》《孟子讲义》等被列入《四库总目》,并行于世;下联"西湖遗迹",指的是"梅妻鹤子"的成语故事。北宋处士林逋,隐居杭州西湖孤山,不娶无子,而以植梅养鹤自娱,人称其为"梅妻鹤子",被传为千古佳话。成语"梅妻鹤子"也被用来比喻清高或隐居。林逋在《山园小梅》诗中更是留下了千古名句——"影斜水清浅,暗香浮动月黄昏"。

汀州刘氏家庙

福建省长汀县汀州刘氏家庙位于福建长汀城内龙首山状元峰下鸡

鸣最早处，占地总面积约1000平方米，分上、中、下三厅。另外，还有后楼、花台、土地祠与两边的横屋，共有房间69间。该家庙始建于北宋淳化三年（992年），为客家刘氏后裔集资兴建，起初祭祀的是鲁王刘永及入闽始祖刘祥，后为了适应科举考试之需，在祠内设立有东山书院，专供客籍子弟参加科考复习之用。另外，也兼作每年春秋祭祀祖先的活动场地。柳市家庙历经多次重建，至明永乐三年（1405年）由合族重建，后来在清嘉庆、道光及民国时期又先后有过四次重修。宗祠正门是坊式门楼，门匾上有"刘氏家庙"四字，门前有立石狮一对，屋顶为琉璃筒瓦泥鳅脊，门栏窗格均有精美雕饰，转砌裙墙围垒至顶，所有构筑祠墙的砖块都镌刻有"刘祠"字样。整座家庙颇为壮观，古朴典雅，且地处繁华闹街，闹中更显幽静。因为家庙祭祀的是鲁王刘永，故有"王衙"之称，门前的小巷则称作"王衙前"，至今仍沿用着这一古称。

发迹于此的客属刘氏裔孙散居在九省市与港澳地区乃至海外，每逢春节与清明，海外客属刘氏裔孙多有归来祭祖拜宗。刘氏家庙理事会办有简报《汀州刘氏家园》，其中载文记述了春分祭祀活动的盛况：

那天参加祭祖活动的有本地宗亲1000多人，从外地专程赶来的300多人。宗亲先在长汀城里的客家母亲园集合，向客家母亲塑

▲ 汀州刘氏家庙

像上香叩拜。接着,又举行春祭踩街。指挥车开道,其后是横标"汀州刘氏春祭大典"、旌旗队和参加祭祖的各地代表队。各代表队邀请的龙灯队、舞狮队、十番队、船灯队和家庙邀请的铜管乐队、夕阳红文艺队,穿插在浩浩荡荡的踩街队伍中,一路鼓乐喧天,一路舞影蹁跹,一路亲情交融,终点正是家庙。到达家庙后,表演《十唱汀州刘家祠》《刘氏祖训歌》等节目,春祭典礼就开始了。首先由宗亲联谊会会长带领全体宗亲诵读祖训,接着,在司仪的组织下,主祭、陪祭行跪拜礼、上香、宣读祭文。罢了,爆竹震天,鼓乐齐鸣,家庙光明灯正式点亮。最后,本次活动的主祭方把祭祖旗交还家庙,再由家庙授予明年的主祭方。

刘氏家庙中的柱联也提到了"梓叔"。客家人来自中原,保留有中原古汉宗亲、宗室的传统观念与传统文化。"梓"是"桑梓"的简称,古人家门口一般都种有桑树与梓树,后来远游他乡的游子特别思念家乡的桑树与梓树,遂用"桑梓"代指家乡。而"梓叔"是客家人对同一宗族的男性成员的称呼,如兄弟、叔侄之间。有时也用于不同宗族。

 知识链接

衣冠南渡,八姓入闽

在福建地区,有"衣冠南渡,八姓入闽"之说。《三山志》有言:"永嘉之乱,衣冠南渡,始入闽者八族"。

三国魏晋南北朝时期,我国一直都处于政权分裂与地方割据的状态之中。这时的中原地区战乱不断,百姓们流离失所,但偏居东南一隅的福建地区政局是相对较为稳定,因此,大批的中原百姓南迁来闽。

自东汉永嘉二年（308年）起，中原汉人开始大规模进入福建，入闽的主要是八姓，指林、陈、黄、郑、詹、邱、胡、何。这是中原地区的百姓第一次大规模南迁，也是北方汉人与闽人的首次大融合。在这些入闽的百姓中，有相当一部分人定居于福州地区，使晋安郡的人口激增至一倍以上。这些入闽的百姓带来了中原文化中先进的生产技术，促进了闽地社会、经济的繁荣发展。

第四节　广东省名门望族的宗祠

■ 松塘区氏宗祠

佛山市松塘村的池塘北岸依次排列着区氏宗祠、六世祖祠、东山祖祠、世大夫家庙、见五大夫祠等多座宗祠。这座区氏宗祠为松塘区氏总祠，奉祀着松塘始祖来世公，各房围绕总祠分别在不同时期设立有房系宗祠若干。

作为总祠的区氏宗祠是众多宗祠中规模最为宏大的一座，其建筑形制最为完整，装饰造型最为精致豪华。区氏宗祠的屋顶是单檐歇山式的，檐面一层层铺以青灰色瓦片，瓦当为云纹状黄色琉璃。屋顶上的博古脊引人入胜。墙体白底黑边，颇为醒目。屋檐下的大门上端悬有红底金字门匾，双扇大门上绘有各手持利器的门神。门外有联云："华山乔木千章秀，春水支流万派同。"门前石柱也有对联云："日月旋天柱，鱼龙变泮池。"墙体与石柱之间有一对包台墩。

该祠三开三进。首进比较狭小，前后仅能容下一张可坐五六人的方桌，墙内设一小神龛，供奉有土地神。首进之后为一天井，以黑色木门隔开。由天井入内，拾级而上，又是一座歇山顶式、梁柱承托的建筑，这是第二进，为中堂。中堂前又有一天井，以黑色大门分割，大门之上悬有"保济堂"牌匾，这是松塘区氏的堂号。拾级而上，即为内殿，上方神龛内置由砖片砌成的红底黑字的巨大"福"字，并未置祖宗牌位。相传慈禧太后曾赐巨型福字与松塘村，此后松塘宗祠的内殿便都仿制福字贴于神龛内。正殿两侧为廊庑，屋檐稍低于正殿屋檐，常挂有香塔。

区氏宗祠始建于明万历年间。其后，各房纷纷依附于它而建分祠。最初建成行落成礼之时，此地凡出自太始祖桂林公之下六族宗祧所有宗亲兄弟均一起前来庆贺，其声势之浩大可想而知。而该祠由松塘三房一起悉心维护，但凡婚、寿、喜都聚于此宗祠。古时，松塘有"祠堂例饭"的习俗。所谓"祠堂例饭"，是指村中15周岁及其以上的男性，每隔数日便集体到族中宗祠共同用餐。这一古老的习俗，证明了旧时宗祠是比较富足的。松塘宗祠有在村中开挖的数十亩池塘为族产，又有在环村岗峦上开发的一些耕地为族田，族产有族人共治，族田由各房轮流负责耕作与管理，收入为全村所共有。

在松塘，村民会尊称年过花甲的男性为"父老"。古时，人们把父老之中的一小部分称作"绅襟父老"，所谓"绅襟"，是指有一定文化水平的男性，而古时只有通过乡试考取秀才以上者才有资格被人们称作"绅襟"。因此，绅襟父老便是父老中重中之重的人物，是宗族中德高望重的长者。每逢宗族议事之时，族人齐聚宗祠，由绅襟父老主持讨论，父老可自由发表意见，最后由5至7位组成绅襟父老群体做出最终的裁定。60岁以下的男性只有在得到了父老的首肯之后，方可在宗祠中发表自己的言论。由绅襟父老决定的管襄，负责族产账目的管理工作，而绅襟父老会定期或不定期查看账簿。每逢清明节祭祖拜公，要在宗祠设一专台，将账簿平摊在台面上，供族人翻阅查看。每当执行宗法族规，惩罚不轨族人时，宗祠便成了公堂，绅襟父老便是威严的法官。绅襟父老传集族人于宗祠，廊庑两侧由内殿向外延伸，各排一列椅子。父老纷纷相对而坐，各房其余男子站于父老身后旁听。当事人则在内殿堂中，面对祖先牌位阐明事实，各自辩解，以待族人做出判断。父老们听过当事人的分别陈述后，收集族人意见，供绅襟父老最终裁定。族人若违反宗法族规，必定会在宗祠中当众受罚，以示惩戒。

《松塘古名胜纪》是这样描述这片宗族发祥之地的："宗祠前华岭，系夹辅入村干龙而至，为族内三四五六七世祖祖茔发祥之地。上有乔松，不知年代；高逾百尺，大可十围；枝干平垂，秀丽如伞。远而望

▲ 松塘区氏宗祠

之,如有巨人擎华盖,立于庐墓之后宗祠之前。当夫天和景明,时有异色鸟翱翔树巅,祥云为之荫护。凉飙乍起,则清声远播,满壑洪涛,凡衿顿豁。若巨风陡作,又如神龙跳舞,直欲凌空飞去,不可端倪。然屹立崇崖,并无依附,历久弥坚,真神物也。"

如今松塘已无绅襟父老之说,但是族中事物仍由热心于公益的长辈操持。比如,每年农历6月24日和农历7月4日分别为"孔圣诞"与"关帝诞",系松塘村尤为重要的酬神节日,长辈们在节日前就开始主持族人的募捐事宜,并主持酬神活动的筹备工作。清明时节,父老们要在区氏宗祠主持盛大的祭祖仪式,仪式罢,各房还要自行在支祠里再行祭拜。长辈是宗族活动的组织者,平日里他们则是宗祠的管理者,坐落于宗祠群中的孔圣庙旁,便是一些德高望重的长辈的办公场所。因此,孔圣庙附近的大榕树下便成了族中长辈们的聚集之地。

■ 沙湾何氏宗祠

沙湾镇北村的留耕堂位于广东省番禺市,始建于元代。何人鉴于南宋绍定六年购置了沙湾大片土地繁衍生息,成为番禺当时的五大名门望族之一。为纪念奉祀何人鉴,在元朝至元十二年,何氏族人兴建了留耕堂。留耕堂里百余条大小不一的柱子撑起了雄霸一方的何氏家族。

留耕堂元末毁于兵火,明清屡毁屡建。何氏大宗祠坐北向南,前后五进,左右三路。占地面积约3300百平方米。主要建筑有头门、仪门、拜廊、象贤堂、留耕堂,两侧建有廊庑。古祠的门前是一个大的长方形的风水塘,风水塘与宗祠头门之间的空地上,两边共竖有16块旗杆夹石,这是当年何氏族人考取功名人数较多的明证。北宋时期何棠、何栗、何榘三兄弟考中进士;何起龙的曾孙何子海延续了祖辈的辉煌,极具文采,为官清廉,深得明初名士宋濂等人的赏识。

何氏大宗祠头门面宽五间、进深两间,硬山顶,前后有大戏台。支撑前檐的是六根八角形石柱和六根大圆木柱,柱础全部为花岗岩石。前檐的木梁架上雕刻有花草、鸟兽、人物等图案。头门有两扇大木门,每扇门上彩绘了身穿盔甲的一员武将为门神。门上方高悬红底金字"何氏大宗祠"匾额。大门左右两边还各有一个石鼓,两侧还附有"入孝""出弟"两间鼓楼。

进入正门,是一座三间四柱三楼的石牌坊,门额正面的中间是儒学大师陈自沙手书的"诗书世泽"石刻,后面写的是"三凤流芳"四个大字,颂扬北宋时考取进士的何氏三兄弟。牌坊的顶脊是一条灰塑的七彩大龙,形象逼真生动。

第二进象贤堂、天井、月台和东西两厢。天井方正且宽敞大气。月台的基石上有元、明年间的古石雕,相当珍贵。象贤堂建成于康熙四十一年(1702年),面积达400多平方米,面宽五间、深三间,屋顶为硬山抬梁式。象贤堂是由四根石柱和二十四根大木柱支撑的,在金字形的梁架上浮雕有精美的图案。后墙上悬挂有"象贤堂""大宗伯"两块匾额。"象贤堂"是为了纪念沙湾何氏宗祖何德明,"大宗伯"匾是由广东行省中书参知事郑允成手书的,为了纪念明洪武年间礼部尚书何起龙。古祠的最后一座建筑是留耕堂,其建筑面宽五间、深三间,有三个房间,以中央为大。正中的金漆木雕神龛为长方形,里面放置有何氏祖宗牌位。神龛上面悬挂有陈白沙手书的"留耕堂"匾额,两侧有一副木刻对联"阴德远从宗祖种,心田留与子孙耕",意指兴建宗祠的目的。

■ 湖镇围胡氏宗祠

博罗县湖镇围,位于岭南第一山——罗浮山,胡氏为当地的第一大姓,因有"居民数百家,胡其巨姓是也"。

明代的惠州府曾授封湖镇围胡氏为"罗浮名宗"之族。湖镇围胡氏的祖先早在宋朝就已经定居于博罗县城,"胡衍,号云峰,庐陵人,俗所称胡六真人也,生于后梁。宋初行医至博罗,遂家焉。炼药捣三千杵,成八百丸,号胡氏家宝丹,治疾疫赖以全活者甚重。"(民国版《博罗县志》)胡衍炼丹修道,悬壶济世,深得当地百姓的赞誉。后来,其后裔从博罗分支,北宋时文俊公迁入湖镇围,在此发轫繁衍。明万历年间,湖镇围的人口户数约为博罗县总数的百分之三十,商户数约为博罗县城的百分之三十,而湖镇围也成为一座有城墙和护城河围护的古村落。

自宋代以来,湖镇围胡氏先后建起了胡氏宗祠、愈宽公祠、希孟公祠、德众公祠、逊众公祠、东岭公祠、椿堂公祠、德基公祠及东庙、西庙等十五座祠宇。至今仍有保存完好的东西二祠、德基公祠等三座宗祠以及其他小型宗祠。

西祠,即胡氏宗祠,为两进,宗祠正门两边有石柱斗梁、檐雕、梁雕及壁画。大门上方嵌石匾一块,上书"胡氏宗祠",门框下嵌有两个门当,分别刻有"祀宗祠胤"二字,祀为"祭祀",胤为"后嗣"。入门处乃为仪门,仪门上方悬木牌匾两块,向外一块上书"昭代名儒",

向内一块乃为"诰封大夫"字样。据传，胡氏二世胡碹，博学多才，官至谏议大夫，曾誉满京城，牌匾为当朝皇帝所赐。西祠天井两边为左右廊庑，正厅为尊亲堂，正厅上方设神楼一座，神楼嵌"兰桂腾芳"木匾，两侧楹联道："祠宇喜维新瞻仰先灵异日衣冠罗几席，厅堂欣告竣高升令祖他年世代卜簪缨。"

东祠为愈宽公祠，三进两天井，正门上嵌"愈宽公祠"石匾，青石门框上贴联一幅，道出了此地胡氏来历："苏湖世泽，吉水家风。"愈宽乃文俊六子，为宋代的学士，其性情温和，以仁为善，其逝世后裔孙建造了此祠。宗祠设有神楼，正厅为名宗堂，斗梁上悬挂"罗浮名宗"阴刻牌匾，有楹联称："泽满罗阳金丹济世真人裔，灵钟吉水湖镇环城学士家。"愈宽公祠的西邻就是德基公祠，这座宗祠竟是博罗县龙华五村陈百万嫁女的陪嫁嫁礼。据传，建造此祠时，招募了能工巧匠近500人，按各项施工程序调配人力，其中打磨青砖的工人就有200多人。打磨青砖的工艺要求很高，严格规定每人每天只能磨砖六块，且砖块长、宽、高必须尺度统一，平面光滑整齐，200民工耗时5年才完成。同样，祠内的雕刻也用了5年时间。

湖镇围还有一奇特风貌，那就是胡陈一家，姓异源同。村北的陈鹤村小组陈氏，长期以来与胡氏共处一村（城），千百年来唇齿相依，同处共生。据说，早在3000多年前陈、胡原为本家，胡公满为中国陈姓之始祖，这样就可以理解湖镇围为何只有两姓共居了。再说，胡氏为湖，陈氏为鹤，湖中有鹤，鹤舞湖水，如此意象，吉祥也。故此，胡、陈两姓家族能够荣辱与共，和睦相处。

湖镇围地处众山环抱之下，坐落于盆地中央。古时阡陌纵横，耕地广袤，乃富足之境。宋时，是兴旺之村；明时，是坚固之城，故有"宋村明城"之说。明朝洪武四年，于湖镇围筑城，设巡司于此。该城坐北朝南，周围有城墙和护城河，设有东门、北门、西门三座城门，护城河外围错落着七座土墩，皆高十余米，人称"七星伴月"。如今，城的踪影难觅，唯余三块门楼石匾。湖镇围里现存包括宗祠、民居、书院、庙宇在内的古建筑数百处，还有至今为村人乐此不疲地享受着的乡风民俗。为庆贺添丁而举行的新年上灯仪式，到了湖镇围更显得隆重热烈。上灯仪式，有告慰祖灵，让新丁认祖归宗之义。正月初六，添丁户（灯头）在族长的带领下，从街上买来特别制作的花灯，接着在宗祠里为新丁点燃——有多少新丁就点多少盏灯。到了晚上，族人抬鼓上山，行走在传说中的龙道上，然后在山顶烧香拜神，祈求抱得男丁，名曰"猎龙"。上灯当天，族人要在宗祠里吃灯饭，灯饭自然是喜添新丁的灯头公请的。

湖镇胡氏宗族之所以享有"罗浮名宗"之名，不仅仅是因为"胡其巨姓"，更重要的是，胡氏家族自古以来就很重视子弟的文化教育与道德修养，子弟秉承祖训，勤奋好学，刻苦用功，自北宋以来，每朝都有为官者，其族内功名誉满了东江流域。而今，"罗浮名宗"的牌匾依旧高悬于宗祠内。

■ 合族祠中的陈氏书院

陈氏书院是由广东省七十二县陈氏宗亲于清朝光绪年间合资兴建的合族祠，也是方便各房同陈姓子弟到省城应考科举时攻读而居住的书院。陈氏书院由一组具有典型岭南风格的建筑群所组成，于清光绪二十年建成。1988年，成为全国重点文物保护单位。书院占地面积1.32万平方米，主体建筑面宽与纵深均为80米，平面呈正方形。坐北朝南，门前为开阔的广场。采用抬梁式建筑结构，硬山式封火山墙。总体布局为"三进三路九堂两厢"，以六院八廊互相穿插。布局对称严谨，主次分明，空间宽敞。在建筑上，以中轴为主线，两边以低矮偏间与廊庑围合，衬托出主殿堂的雄伟气魄，形成了纵横既规整而又突出主体的建筑组合。建筑的外围用青砖围墙，形成了一座对外封闭而内部开敞的建筑群体，系典型的广东民间宗祠式建筑。

陈家祠是广东省保存较完整的清末民间建筑，被誉为"岭南建筑艺术的明珠"。落成后曾经开设有陈氏家族自治会，组织"广东陈氏联谊会"，迁入私立广东公学，设立广东民间工艺博物馆。

书院大门两侧有石砌包台，门前两边分立有一对石鼓。两扇大门上绘有门神像，色彩鲜丽，气宇轩昂。首进大厅，面阔五间、进深三间，采用柁墩抬梁式构架，设斗拱，十七架四柱，附前、后廊。大厅屏门设四扇双面镂雕隔扇。首进东西厅，均面阔三间、进深三间，用瓜柱抬梁，十七架三柱山墙承檩，出卷棚式廊。金柱正间装设花罩，厅门为十四扇通花隔扇。

中进大厅的聚贤堂作为书院建筑的中心，是当年族人举行春秋祭祀或议事聚会的地方。堂面阔五间、进深五间，用柁墩抬梁，设斗拱，二十一架六柱出前后廊，属通堂木框架。后金柱正中三间装有十二扇双面镂雕屏门，两侧装设有花罩。堂前有月台，石雕栏杆及望柱，突出了聚贤堂的中心地位。中进东西厅面阔三间、进深五间，用柁墩抬梁，设斗拱，二十一架六柱山墙承檩，出前后廊。后金柱正间装设四扇双面镂雕隔扇，后金柱次间和厅前后设通花隔扇。

后进大厅三间是安设陈氏祖先牌位供族人祭祀的厅堂。大厅面阔五间、进深三间，用瓜柱抬梁，二十一架五柱后墙承重，前出卷棚式廊。厅后老檐柱之间设有五个高达七米多的木镂雕龛罩。

东西厅面宽三间、进深五间，用瓜柱抬梁，二十一架五柱山墙承檩，前出卷棚式廊。厅门为十四扇通花隔扇。厅后也装设有木雕龛罩，但规模较大厅略小。东西斋和厢房略低矮，是旧时书院教学读书的主要场所。东西斋为单间，"人"字形封火山墙承檩，斋内用花楣、隔扇与落地花罩组合装饰。后窗采用的是套色蚀花玻璃窗，室内外显得尤为清朗。东西厢房均用瓜柱抬梁卷棚式瓦面，出前廊。厢房用通花格嵌套色蚀花玻璃装饰落窗，光线柔和，十分清新幽雅。这是清代晚期珠江三角洲所有的建筑装饰工艺。

陈氏书院以其精湛的装饰工艺著称于世，在其建筑中广泛采用了木雕、砖雕、石雕、陶塑、灰塑、壁画与铜铁铸件等不同风格的工艺做成装饰。既有简练粗放的雕刻技法，又有精雕细琢的雕刻技法，相互映衬，使书院既有富丽堂皇的一面，也有庄重淡雅的风韵。

陈氏书院以木雕数量为最多，内容极为丰富，规模也非常大。首进大厅的四扇屏门挡，是用双面雕的技法镂雕而成的，充分展示出广东木雕的特点，人称"木雕艺人运用手中的木刻钢刀雕就的中国历史故事长廊"。后进三间厅堂的十一座木雕龛罩，规制宏大，雕工细致，是广东现存的形制最大的清代木雕作品。

陈氏书院的石雕主要采用的是花岗岩石材。多用于月梁、廊柱、栏杆、券门、柱础与台阶等地方。聚贤堂前的月台石雕栏杆是陈氏书院石雕装饰工艺的典型工艺。柱础的造型和雕饰,唐代至明代均以稳重为特点。到了清朝末年,广东民间建筑中的柱础出现了轻巧、高身束腰与重雕饰的倾向。陈氏书院的柱础就是这一时期的典型代表。

　　陈氏书院正门东西厅的水磨青砖檐墙上,共有六幅大型砖雕。东檐墙上正中一幅表现北宋时刘庆降伏西夏送来的一匹取名为狼驹的烈马;西檐墙上正中一幅取材于古典小说《水浒传》,雕刻的是梁山义士晁盖、吴用、林冲等众多英雄好汉会集在聚义厅的宏大场面,体现了广东砖雕的独特风格。陈氏书院共有十一条石湾陶塑脊饰,分别装设在三进三路九座厅堂屋脊上。每条脊饰题材各异,中进聚贤堂上的脊饰塑造224个人物,内容有"八仙贺寿""加官进爵""麒麟送子"等,反映了当时的社会意识与人们的愿望。陈氏书院的灰塑,总长度1800余米,规模之大、塑艺之精、题材之丰富,在全省民间建筑中居首位。东西厢房,是当年陈氏学子们读书的地方。前东厢绘"初唐四杰"之首的王勃吟作《滕王阁序》的场景;前西厢绘李白与诸学友在桃李园中夜宴的情景,寄托了"江山代有才人出,各领风骚数百年"的美好愿望。

　　陈氏书院的建筑装饰,显得特别纤巧讲究,它突出反映了清代晚期那种追求精雕细琢、装饰华丽的社会风尚。把大量雕塑人物搬上屋脊作为装饰的做法,是吸收外来文化而又融汇于我国传统技艺的一种表现。纵观全祠,高低错落,主次分明;规划统一,布局严谨。宗祠的大门、聚贤堂和大厅,布列于中轴线上。在大门的门扇上,绘有高大的门神像。门前两侧布列抱鼓石,具有浓烈的祖庙韵味。聚贤堂,位居陈家宗祠的中心,是宗祠的主体建筑,它是陈氏宗族同胞举行祭祖大典与集会的场所。大厅位于聚贤堂之后，厅内供奉着陈氏祖先的牌位。在陈家宗祠内的门、堂、厅、斋等之间，均有廊庑连接，或以花门相隔，虚实相间，互相连贯，建筑布局极为周密。

清光绪十八年，广东东莞人陈伯陶到北京参加殿试，考中了一甲第三名探花，并被光绪皇帝钦点为翰林院编修。陈家祠大门左右两侧各有一只大石鼓，就是为了庆祝这一事件而专门制作的。2004年，出土了丢失多年的陈家祠旗杆夹石，其中的石刻文字共有三行，中间为"光绪甲午科赐进士翰林院庶吉士，臣陈昭常立"，另两行为"光绪戊申会试考列最优等第一名宣统元年殿试一等第二名钦点翰林院编修臣陈振先立"和"光绪甲辰恩科钦点翰林院吉士丁未由进士馆游学毕业着授职编修并赏给侍读衔，臣陈启辉立"。2010年，陈家祠广场旗杆、夹石均依照片原样进行重修。外形如金元宝的旗杆斗及顶部的铜葫芦寓意着升官聚财，再现了岭南宗祠的风采。

从建筑学角度看，广州陈家祠与德庆龙母祖庙、佛山祖庙统称为"广东三祖庙"。虽然同处于广府文化圈，龙母祖庙代表的是原生态的乡土祭祀文化，佛山祖庙代表的是一自发性的市民祭祀文化，陈家祠系同时兼有宗祠、书院和会馆三种性质的合族祠。早在清代乾隆年间，广东官府就因为合族祠"把持讼事，挟众抗官"而上奏朝廷将合族祠一律禁毁。咸丰和光绪年间，广东官府有两次较大规模的取缔广州城中合族祠的行动。为了避开官府的禁令，各姓氏的宗祠皆改称为"书院"。从宗族史学看，周武王封舜的后裔胡公满于陈国，该氏族就以国号为姓，并在河南颍川不断生息发展着。陈氏宗族传至广东，清代为全省之望族。清光绪十四年，陈兰彬、陈伯陶等48位德高望重的广东陈姓乡绅名流

倡建陈氏书院，并筹集款项兴建宗祠。历时七年，于光绪二十年（1894年）陈氏书院落成。

在古时书院讲学、祭祀、藏书的三大文化功能中，祭祀是最为重要的一个功能，有尊师、重道、崇贤、尚礼的蕴意，书院多有专门为举行祭祀而设的殿堂。书院举行祭祀活动始于北宋时期，借庙学之制，始行祭祀。南宋、明清时期，祭祀与讲学、藏书一同成为书院独特的人文景观。陈氏书院便是宗祠、书院与会馆三位一体的古代建筑。陈家祠祭祀的牌位，是按照捐款的多少而不按照血缘伦理的关系来安排的，显然带有市民社会的商业伦理色彩，具有一定的会馆性质。其服务的对象仅限于广东陈氏宗族子弟，与宗族观念相联系，始终保持着宗祠的本性。其功能主要有三方面：一是供奉祖先，祭祀祖先；二是聚会议事；三是方便陈姓族人在广州城中应试备考提供住处与活动场所。

> **知识链接**
>
> ## 广东砖雕
>
> 广东砖雕历史悠久,雕刻精美,久负盛名。技法有高低浮雕、透雕和线刻等。线刻中尤为突出的是深刻技法,此技法被称为"挂线砖雕"。广东砖雕技法与北方或江南地区不同,雕刻技法往往会将圆雕、高浮雕、减地与镂空等结合起来运用。其内容有花卉、人物与动物等。风格朴实华美,秀丽生动,展现出了古代汉族劳动人民的不朽智慧与艺术才华。

第五节　江西省名门望族的宗祠

■ 汪山土库中的程氏祖堂

"汪山土库"位于南昌市北郊新建县大塘坪乡汪山冈上，始建于清道光元年，是一座清代古建筑群。由史称"一门三督抚"的湖广总督程矞采、江苏巡抚程焕采、安徽巡抚程楙采等兄弟筹资兴建，占地面积108亩，由25栋抬梁穿斗式结构的青砖大瓦房组成，有房间1000多间。汪山土库的布局科学、精巧，结构大气、明朗，雕刻简朴、高雅，置身其中晴无日晒，雨不湿鞋，冬暖夏凉，与鄱阳湖地区风雅恬静的田园风光和谐统一。整个建筑规模浩大，气势恢宏，于2004年被中国文联、中国民协命名为"中国府第文化博物馆"。

汪山土库自清嘉庆末年出了程矞采、程焕采、程楙采"三个大红顶子"，至民国的100余年间，汪山土库程氏家族共出过进士4名，举人11名，大小官员名流100余名，成就了"一门三督抚，五里六翰林"的辉煌。

在土库建造之初，"三督抚"的父辈程楷、程达先兄弟俩膝下共有九子。九兄弟合家共居，以祖堂为中心左右依次排开，九栋并列，每栋四进至七进不等。接待来访客人的"接官厅""四十八间"在土库的最西边。

　　分布在江西鄱阳湖一带的土库建筑，是南方天井式民居中的一个特例。汪山土库则是这个特例的典型代表。土库墙体结构独特，内为木构架承重，四面被外墙围闭，使建筑群形成了一个整体。所有墙体都是青砖立斗，斗中灌泥，采用单丁斗式、一斗一眠式砌筑法，而且每隔一段就用拉铁把外墙"铆固"在木构架上。墙体高达7米左右，墙头高出房架，叠落成"三山式""五山式"的阶梯式。白灰压边，青砖黛瓦，轮廓线丰富多姿。外墙很少开门，窗小且高，均为精美的红石漏雕窗，既符合"气不外漏、财不外流"的风水寓意，又符合牢固、安全的居家心理。正面的门分为两种——大门与巷门，均用花岗岩做门槛和底座，整块红石做门框。门上方有门罩，石雕出挑。门罩下、门梁石上的墙面，嵌有青石匾，但里里外外的"匾额"却未镌一字。

　　土库主体建筑范围内的地面，所有厅堂通常采用青石板或水磨方砖铺设，房内均为基座架空木板，天井、檐廊与通道则由红石铺就，只有"八尺巷"施用了花岗岩。

　　主体建筑的前面是宽16米、长260米，用整齐划一的红石铺就的广场，属九幢并列主体建筑的公共活动场所。围墙之外植有秀竹，透过围墙花格，竹影绰约。旗杆场靠近围墙，场内旗杆林立，是一个家庭拥有功名、地位和权力的象征。汪山土库的旗杆与其他地方的旗杆有所不同，旗杆上都高高耸立着一对金鸡。鸡在民间有"五德之禽"之称：头上有冠，是"文德"；足后有距能斗，是"武德"；敌在前敢拼，是"勇德"；有食物相呼同类，是"仁德"；守夜不失时，天明报晓，是"信德"。鸡又为六畜之首，高悬公鸡，大有吉星高照之寓意。土库程氏家族相传，程裔采于嘉庆庚中年中举后，父辈深信程氏家族的科举前途将是一片光明，遂决定在旗杆顶部立一对金鸡，取义"金鸡报晓"。

旗杆场外，是一方780平方米的"月牙塘"作为"泮池"，以示系诗书之家。"堂前聚水为聚财"，水能吸纳天地之灵气，给居住者增添灵性与文气。

程氏祖堂是土库主体建筑的中心，纵深三进，每进均为"一明两暗"的平面布局。祖堂第一进设有门厅，门厅两侧各有两间厢房。门厅与第一进大厅之间，除了门厅的仪门相隔外，还设有一道青砖墙壁，筑有砖雕组合门头。第一进大厅五间九架，厅内立有两排共4根柱子，抬梁穿斗式结构并用，空间宽敞。天井周边是贯通的精致卷棚轩廊。第一进与第二进之间筑有一道间墙，第二进与第三进之间仅有一道可拆可卸的壁板相隔。后两进的天井两侧均有厢房，厅堂面宽比第一进明显缩小。

程氏祖堂为缅怀先人、教育族人、凝聚人心的场所，教化氛围浓郁。大门向内凹进，呈"八"字形张开，有"聚气纳财"之寓意，建筑上称其为"门斗"。外墙的变化，突出了祖堂的空间位置。门头上方镶嵌有四块凸出的石雕，正面是四季花卉，下方为"暗八仙"图，体现了族人祈望众仙护门、避邪化煞，保佑家宅平安的美好愿望。这四块凸出的石雕称为"来头"，表示非平常人家。其大门两边悬挂着"簪缨世胄，理学名家"的对联，以诠释"来头"。

一进门厅，正上方为一块刻有"清峻堂"的堂匾。族人解释说，此为"三个大红顶子"为了纪念曾祖父与祖父，各取一字作为祖堂的堂号。堂匾下面为一道"仪门",只有在举行重大庆典、祭祀仪式或有达官显贵来临的时候,仪门才可以打开。仪门上方有一门罩,采用单面透雕手法雕刻有"岁寒三友"图。

大厅与门厅之间为一道由青砖、红石砌成的隔墙。门框由四块完整的红石组成,门的两侧饰以比门洞稍小的白灰墙壁。青砖白灰配以暗红门框,大门的色调质朴高雅。门洞上方两端饰以精雕雀替,门洞上方还有"品"字形的砖雕披檐。位置较低的披檐分左右两个,下面各有两块精细的砖雕:左边两块分别雕有"葡萄""桂枝",有"多子且贵,子孙延绵"之蕴意;右边两块分别雕有"柳絮梅花""桐竹腊梅",意为历尽寒苦,炼就才华与品性。位置较高的披檐,其下也饰有三块砖雕,左边为"鱼戏莲花",右边为"喜鹊登梅",合起来即为连年有余,喜事连连之义。这组砖雕还有更深的教化意义,莲花出淤泥而不染,寓意家族子弟在外为官者要清正廉洁;梅花是品行高洁、意志坚韧的象征,砥砺家族子弟自我修炼,不自弃、自纵、自乱。在下层披檐的屋脊上,雕刻有"鱼龙吻脊",以祈祷风调雨顺,期盼"鲤鱼跳龙门"。上层披檐顶端的中央位置,用青砖雕刻出一颗"顶珠",与"品"字形披檐组合为一顶清朝官帽的图案。

一进大厅为家族的祭祀厅,宏大高爽,八盏宫灯高挂,尤显昔日显赫豪华气派。太师壁上方中央为汪山土库历代先人神位。神位下面是一张翘头条案,摆放香炉烛台。厅内靠近天井一侧的祭桌,祭桌外是一只铜铸香炉。

在祭祀厅两侧的墙壁上,悬挂着"忠、孝、廉、节"四个大字,是理学创始人朱熹的手书拓本。挂在祖堂作为家训,以教育宗族子弟。

理学把儒家传统的社会责任感推进到了登峰造极的地步。

　　大厅两侧上方和天井两侧的穿枋上悬挂的"进士""翰林"等功名匾额以及100余名大小官员及社会名流，就是程氏家族践行理学的最佳印证。土库家族习俗，凡有子弟取得功名，便在旗杆场竖一杆旗、在祖堂祭祀厅挂一块匾，"竖旗挂匾"以示庆贺。二进厅外柱上有一副对联，上联为"湖山意气归词苑"，下联为"兄弟文章入选楼"，此联为林则徐题赠。林则徐与程矞采同为嘉庆辛未科进士，与程楙采同在翰林院为官，是程焕采于嘉庆丙子科乡试中举时的主考官，与程氏三兄弟可谓有同学、同僚、师生之谊。大厅的正上方供奉有光绪皇帝亲笔所书的"福"字匾额。族人世代相传，此匾为焕采之孙、员外郎程志与于光绪甲午年参加慈禧太后六十大寿时赐得，是土库程氏家族所获得的最高荣耀。三进大厅前回廊的两侧顶端各开一道侧门，与贯穿整个土库东西的内部主干道"八尺巷"相接。

■ 蜀口村欧阳氏宗祠

冬日，江西省泰和县蜀口村被暖阳环绕着，温暖了一座祖先的坟墓。在它的旁边，村民在撑起的竹篙上晒着自家的被褥。前面的祭坛周围，有一群嬉戏的孩子，他们的笑声清脆地响彻在冬季日光下的尘埃中。这是泰和县蜀口的一幅冬日村景图。此墓为宋淳祐甲辰（1244年）葬四世祖欧阳国辅的墓葬，一道新修的墓墙将明成化年间欧阳熙为四世祖立的望碑嵌入其中，前有一座皇冠形祭坛。望碑为红石，祭坛坛基也是用红石砌成的，坛基的三层石阶早已被磨得没了棱角，显然，每一代的孩童都少不了在此攀爬嬉闹。

这座墓葬的旁边就是宗祠，即复亨堂，墓葬在宗祠的左边。复亨堂始建于明嘉靖年间，堂的匾额上的"复亨堂"三字，系明代哲学家、教育家王阳明先生手书真迹，大门之上高悬着"三世宪台""父子进士""兄弟尚书"三块牌匾，放达的笔墨间充斥着代不乏吏的自豪。

复亨堂由上下栋、天井构成，内设有读书楼、进士楼。这个村庄在明、清时期出过登科进士21人，凡族人学子中举登科均在此祠击鼓谒祖旌表。复亨堂更有诗曰："正嘉以来三百载，登庭怀训礼与诗，盛德大业规模远，三复堂前意俱迟。"足以证明该堂文献之多，礼仪之盛。

在清乾隆年间的《复亨堂祭簿》上，载有读书歌与进士鼓祝鼓词，并附有文字说明。关于读书歌，称：每逢会期，诸子弟均在此登堂命题作文，如同考试，族中长上者见此皆欣欣然，"或于午上具点，或于晚间具膳，无间贫富类相尚也。至冬底，诸生之父兄复具酒肴至祠酬诸长上，聚首一庭，从容笑语，无非鼓舞发达之词"。

其读书歌唱曰：

昼读书，昼长昼短总无拘，日丽窗明晴可爱，雨飞帘溜阴无碍，叹如梭，莫蹉跎，禹惜寸阴意若何；

夜读书，夜深人静好踌躇，日来所事作何状，志气凌云当自抗，待旦明，要心清，无忘差错误平生。

关于进士鼓，称：其祖先创读书楼为族子弟肄业，并置进士鼓激励子弟"连登科第元魁，立言立功立德，迭居馆阁台部，予赠予谥予祠""爰斟耆鞭之酒，大宣祝鼓之词"。

其进士鼓唱曰：

一祝鼓，快听取，既读圣贤书，先要循规矩，黉宫初发声，正学以为主，秀才便须任经济，万选高中词华吐；

二祝鼓，快夺武，蟾宫攀丹桂，榜上标龙虎，饮尔鹿鸣宴，待尔作霖雨，努力来春对殿墀，泥金报捷荣宗祖；

三祝鼓，快期许，传胪魁金榜，洪名震天府，翰苑知制诰，好把功勋竖，调羹补衮济苍生，铭钟勒鼎称贤辅。

蜀口村欧阳氏的开基祖是宋南渡建炎年间的进士欧阳德祖。祭祀始祖的宗祠为崇德堂，村庄的布局正是以崇德堂为中心向四周延伸的。崇德堂始建于明永乐九年（1411年），坐北朝南，由探花解元台、前院、门廊鹊巢宫、过道、正祠、敕书阁六个部分构成。宗祠前院上首为探花解元台，东、南、西三面是磨平青砖砌成的围墙，其上绘有各种各样的图案花纹，南面为照壁，上书"景运重新"四字。台的东西两面各设有一座拱门，左右竖着探花、解元的旗杆石各两块，台基用红石砌起。宗祠门廊是阁楼式造型，门廊高约莫5米，前有栅栏，大门悬挂"朝天八龙"匾。廊上首有鹊巢宫,鹊巢宫下南面镶嵌有"五经科第"牌,北面镶嵌有"宫保尚书"牌。走进大门向内望去,只见眼前层层叠叠的牌匾,"进士""举人""奕世翰林""封荫""鸣阳三凤""崇德堂"等纷纷涌入眼帘。悬挂于中大门上的"进士"匾,赫然列出了21位进士的姓名、科第年代与职务,其中包括让蜀口欧阳氏永远夸耀不已的"朝天八龙"。因古人别称状元为龙头,所谓"朝天八龙",指的是在30年内俱登科进士,且官职显赫的八兄弟。他们中具有代表性的人物有欧阳铎、欧阳德等,《明史》中称欧阳铎:"铎有文学,内外修洁,仕虽通显,家具萧然",欧阳德则是著名的理学家,终生致力于理学研究,并广设义学。

崇德堂正祠内分神龛、上廊、天井、下廊四部分。正祠后的敕书阁是珍藏诏书、诰敕、官帽、官服、祭器和文书谱牒、经典著作的地方,阁内还设有教室。

过去,蜀口村每逢春秋都要在崇德堂举行祭祀活动,全宗各房支每16年轮流主持一次春秋大祭典,仪式非常隆重。平时,每逢正月十三至正月十六闹元宵,或男婚女嫁、做寿辰办酒宴,也都在祠内进行,历代相传。而近年重修后,崇德堂几乎被族人布置成了一座族史展览馆。在两幅喷绘的展板上,祖先的德行得到了高度概括,即:"以学立身,以民为本,以俸兴教,以廉为吏,以孝为先,以乡为根,以宗为乐。"说到"以孝为先",族人还简单地列举了以欧阳熙为先人修墓立碑之事迹,其文曰:"自费在一二三四祖祖茔皆立碑表之。"

正是为了践行孝道,崇德堂里记述了重修的经过。那篇文章读来比较有趣,其文曰:"重修门廊、鹊巢宫需九米长、小头直径二十公分的木料两根，两三年间四处寻觅采买不到。遂有族人与安福的亲戚联系，走进深山老林，总算找到了那两根九米长的木料。"他们还在木材货场上吃住一个月，从上万根木料中挑出了60多根大规格木料。"在运木料回来的当天，从早上装木到中午装好，汽车又坏了，在安福修车到晚上十二点，克鑫、克勤两人既承担押运重任，熬更守夜，又受到木材站罚款的惊吓。不管千难万难，千辛万苦，终于买回了所需的珍稀木材。"然而，工匠师傅们"做做停停，要求甲方不断增加劳务工资"，可谓好事多磨，历时一年零九个月才将门廊、鹊巢宫修复竣工。如此百折不挠的精神，正是敬祖睦族情感的真情洋溢。

■ 岳家村岳纳堂

岳纳堂是江西省奉新县岳家村至今仍保存完好的古建筑，是岳飞第二十一世孙岳士耀与其弟岳士景所主持筹建，始建于清朝嘉庆二年（1797年），前后用历时20年才建成，占地总面积7000余平方米，是一座封闭的砖木古建筑。当地村民称此为"岳府"。在岳纳堂的八字院门前，有一口半月形的水塘，塘畔有石砌护栏，还立有几对旗杆石，院前左侧曾为花园，花园与塘边各有一口古井。院门开于主体建筑大门的左侧，有"世大夫第"匾额，正对院门的屋墙起着照壁的作用，墙上本有壁画，但已被白灰所覆盖。主体建筑大门的匾额为"汤渚流芳"，寓意着岳氏宗族的血脉渊源，而墙上的每块青砖均有"岳纳堂"字样。岳纳堂各厅均悬挂着古旧的牌匾，一些已是字迹斑驳，至于仿岳飞手迹的"还我河山"匾则出自今人之手。

正屋由前、中、后三厅构成，岳家后人将其分为客、官、祖三厅。

通常来客在前厅接待即可，而官厅是用来接待文武官员和接皇榜的专门场所，因此，官厅是岳纳堂装饰的重点。抬眼望去，其天花似在横梁之间铺以木纹清晰的板材，然而，村人在为筹建岳飞纪念馆整理房屋时发现，那木纹并非来自木料，而是一块块粘贴在木料上的一种织有木纹的纤维物，再用清漆罩一遍，以突出装饰的效果。在官厅的顶梁上，还有三个雕有双龙戏珠的木构件，比较稀罕，人称"诰封"，是专门用来存放皇榜与圣旨的，许是因为皇榜和圣旨都是至高无上的神圣物吧，人们只能将其高悬于家中，犹如祥云当头。这诰封，就像岳氏后人望眼欲穿的期盼，默默地守候在岁月深处。官厅以布幔相隔断，正中放置有一座高大的岳飞全身塑像。厅前木柱有联曰："智欲圆而行欲方胆欲大而心欲小，正其谊不谋其利明其道不计其功。"穿过官厅即为祖厅，祖厅上方嵌有一个比较大的神龛，神龛以红漆为底，雕饰鎏金，内里供奉着岳氏先人的多块灵牌，中央的灵牌为岳飞及其霆、霖、云、雷、震等五子的灵位，其下的灵牌为岳士耀灵位，他便是岳家村的开基祖。因为这庄严肃穆的祖厅，岳纳堂实则即为居祀型宗祠。

神龛上悬有"精忠报国"匾，下置两米长的青石雕长条供桌与三张青石方桌，因为桌子漆了油漆，看上去似木质材料。相传日寇侵华之时，几个日本兵想搬走长桌，但无论如何也抬不动，于是，他们便敲断桌角，发现是青石材质后，才负气离去。

岳纳堂有大小天井40个，房间多达168间，除了三个厅堂两侧的厢房之外，从祖厅两边穿出是环绕正屋的三面附属建筑，系仆人的居所。在回廊式的通道里，高墙之上也置有天井以作采光之用，在整幢岳纳堂下均设有弯曲的排水道，天井内的暗渠连接着大门前的水塘，不管外面下多大的雨，在岳纳堂内行走是可以做到不湿鞋的。

现在的岳纳堂中，尚有十多户岳氏后裔居住。尽管如此，前、中厅两侧厢房已被开发成了展览室，陈列着雕刻精美的神轿、太师椅、锣架等物，以及今人的字画。当然了，那些字画反映的均是岳飞的相关事迹。这个村子里有不少农民书画家，也许，正是祖先的无限荣光激励了他们。

车田村周氏宗祠

江西省安福县枫田镇车田村的周氏宗祠，也被称作"相帅府"。"相"，指的就是周必大其人。"帅"，则指的是周必大的祖先、三国时期的吴国名将周瑜。

车田村周氏自称是周瑜、周必大的后裔，清光绪六年（1880年），周瑜的裔孙周贯在湖南经商致富后，捐巨资，委托族人建造车田周氏宗祠，命以"相帅府"之名以标榜，寓意"出文官武将之府第"，以纪念先祖恩德功勋，并勉励族内子弟文武成才。

这座周氏宗祠坐北朝南，坐落于村子的中心地带，又名"达宗家庙"。其建筑结构为"银包金"结构，即外为青砖墙体、内为木梁结构。坊式大门的门框、门墩、门槛分别由整块青石构成，大门上方门额竖刻"相帅府宗祠翰林进士宗祠理学名臣"等，枋间多有雕刻和彩绘图案，外墙均用青砖水磨砌成，严丝合缝，平整光滑。离宗祠正门前有一堵照壁，通长19米，高近4米，气势非凡。

宗祠大门两侧有一长联赞颂周瑜曰："雄姿英发舌战群儒火烧赤壁声名威镇九州，羽扇纶巾气度恢弘通晓音律风范永垂青史。"另有长联夸耀宗祠的风水形局:"宗庙对名山左麟山右凤山祥瑞上腾万丈焰,门前环古水襟东江袖西洲彩练直涌百川雄。"说到此处的风水,南宋诗人杨万里曾为村子东面的笔架山赋诗一首,诗曰:"笔锋插霄汉,云气蘸锋芒。时时同挥洒,散作甘露香。"那笔架山因山顶有巨石酷如笔架故名,是安福县的文峰山。泸水自西向东从山下流过,在此折向南面。如此山环水绕,自当人文蔚起。

宗祠分前、中、后三进,每进由低至高,寓意步步高升。四个天井分列前、后两大厅两厢,中间为笔直通道。最引人注目的是头顶上的九个藻井,正中四个最大,尤其是中央两个藻井雕刻异常华美,图案分别为"丹凤朝阳"和"双龙戏珠",四角饰以琴、棋、书、画,颇有诗礼传家之遗风。

大厅内木柱林立,共有一百零八根。有趣的是,其板壁上竟抄录了周瑜与小乔唱和的两首诗,小乔写道:"一个大乔二小乔,三春容貌四季娇,五颜六色调七彩,难画八九十分描。"周瑜和道:"十九望月八分圆,七人已有六人眠,五更四点鸡三遍,二乔出题一夜难。"宗祠门外设有一对石狮。

该县蜜湖村则以残破的清乾隆年间所修宗谱,证明了他们与周瑜的血脉渊源。周瑜的次子周胤,因为人刚正不阿,得罪了孙权,后被贬到了当时远离王权贵族的僻壤之地庐陵郡。后有大臣上书为其申诉不平,孙权遂召周胤回朝,但他却坚决不归,而是终日骑着一头毛驴,沿着赣江的支流泸水寻访名胜古迹,来到得安福枫田一带,为当地美丽的景色所吸引。他救治了一位倒在路边的老人,之后,二人感觉非常投缘。老人是风水先生,他建议周胤在附近一个名为"蜜泉"的地方定居，说那里风水极好，且远离闹市，将来子孙必然发达。随后，周胤便将家眷迁至蜜泉结茅而居。

　　周胤定居的几年后，便出资在蜜泉附近的一块坡地上兴建祖庙。相传，在祖庙竣工当天，周胤在庙外遥望蓝天，向远在安徽庐江祖籍地的周氏列祖列宗祭拜，并宴请一些前来庆贺的好友。这时，家中的一条大黄狗突然变得焦躁不安，朝着新建成的祖庙狂吠，并蹿进厨房，拖着两名丫鬟朝祖庙的方向奔去，只见新建的祖庙被一团浓浓的黑云所笼罩，并开始摇摇晃晃，在里面做法事的僧尼们吓得夺路而逃，唯有周胤一人仍跪拜在祖宗的牌位下痛苦不已，他认为是自己的孝心感动了天地。两丫鬟见状，冲进去将主人拉着就往外跑。快到村边时，田野突然下陷，新修的祖庙也沉了下去，成为一个数百亩大的湖泊。湖中盛产鲫鱼，且此处的鲫鱼味甘如蜜。因此，蜜泉更名为"蜜湖"。村民称，小时候在湖边玩耍时，还能在岸边找到许多祖庙遗留的残砖

▲ 车田村周氏宗祠

碎瓦。二十世纪六七十年代,该湖的大部分面积都被填埋,变成了耕地。

在车田村周氏建造"相帅府"的两年后,同为周胤裔孙的该县瑶溪村周斗魁父子也建起了一座宗祠,并将其命名为"斗魁公祠"。斗魁公祠两进三直、内厅有楼,一些工艺甚为精致,花窗隔扇与梁柱穿枋上遍布龙、凤、麒麟、狮、鹿等瑞兽雕刻,内厅二楼的扶栏上也布满了樟板雕花,黑漆油底,朱红光面,金粉勾线,顶部覆斗式藻井中央为竹梅图,四角镶刻花饰。其技艺之精湛堪称一绝。

■ 宜丰县天宝刘氏宗祠

在江西,不少刘姓村庄都以"墨庄刘氏"为标榜,渗透宗谱与人心的,分明是与生俱来的骄傲——墨庄,这是众多刘氏村庄的桂冠。

说起墨庄的来历,还得从江西人刘式及其妻陈氏谈起。墨庄刘氏源出彭城,是汉高祖刘邦之弟楚元王刘交的后裔。楚元王刘交的家族世居彭城,设彭城郡,立彭城堂。西晋末年,刘交的第十八代孙刘遐出任安城太守。由于当时五胡乱华,彭城一带也陷入到兵荒马乱之中,所以刘遐任职期满后就没有返回故乡,而是在安福县山庄乡笪桥村刘家港定居下来,形成了以"安成"为堂号的"笪桥刘氏"。唐代末年,笪桥刘氏的后裔刘逵迁居新喻荻斜,形成了后来的新喻刘氏。

刘逵之孙刘式,自幼喜读诗书,少年时曾在白鹿洞书院学习,弱冠成年之后隐居庐山,博览诗书文献,潜心研究儒家经典,南唐末年高中明经科第一名,新喻刘氏因此而声名大振。宋朝统一南唐之后,刘式也随南唐后主李煜降了宋朝,并以其学识与才干受到了大宋朝廷的重用,官至刑部员外郎。后来因遭人诬陷而被免官,49岁即郁愤而终。

刘式之妻为陈氏，他们育有五子。刘式辞世时，膝下儿女均未成人。为儿女计，有好心人规劝陈氏将刘式数千卷藏书与家中部分添置，如数变卖，连同平日积累，买田置产，以贻子孙。而陈氏却说："吾夫生平廉节，念念藏书为'墨庄'，以昭示子孙，何以田为也？"她不变"墨庄"为田庄，遵照丈夫的遗愿，将藏书作为传家之宝而保存了下来，"以昭示子孙"，希望儿子都能在"墨庄"中安心耕读，结果五子均先后中了进士。此事在刘氏家族与当地被传为美谈。宋廷后来为刘式昭雪并追封其为户部尚书，且封陈氏为"墨庄夫人"。从此，新喻刘氏以"墨庄"为堂号，并被称为"墨庄刘氏"。

宋光宗元年（1190年），刘式的后人刘椿到江西宜丰附近任职，偶见天宝天生船形地貌，便定居于此，遂形成"天宝墨庄刘氏"。天宝村曾经有一座宝书楼，又称为"墨庄阁"，始建于南宋，属两层重檐楼阁，石木结构，分前后两厅。前厅有四根石圆柱支撑牌坊，前厅门柱上书有联曰："东吴花县地，南宋宝书楼。"内厅以四方石柱支起木楼。可惜此楼于1979年已经毁于火灾。当年岳飞率领岳家军数度转战宜丰，大败金兵，在天宝救济灾民时，欣然为宝书阁留下墨宝，题写了"墨庄"二字。南宋乾道四年（1168年）秋，朱熹游天宝时曾写下《朱子墨庄记》，其文曰："非祖考之贤孰能以礼乐诗书之积厚其子孙，非子孙之贤孰能以仁义道德之实光其先祖？"

历史上，墨庄刘在方圆不足五公里的天宝村建造有大大小小200多座宗祠，而保存下来的仅有几十座。除了刘氏宗祠外，还有不少专为某一代祖先建造的宗祠，比如规模较大的"四季公祠"，就是为了祭祀刘氏第六代的四位"季"字辈祖先建造而成的。此外，还有齐川翁祠、茆香翁祠、如三翁祠、静庵翁祠、泰轩翁祠、阳可翁祠、嵩仲翁祠、天定翁祠等。有诗描绘当年此地人文鼎盛的壮观场面，赞曰："名人巨公常满座，珠玉文章生咳唾，细草汀洲骏马嘶，黄榜旌旗高轩过。"

天宝的宗祠，本以"刘氏宗祠"和"四芳翁祠"最为著名。前者是天宝墨庄刘氏总祠，规模宏大，建筑精美；后者整栋祠宇由九千九百九十九根半巨大立柱支撑，号称"千根屋柱落地"，院内为消防设置的蓄水石槽也有九千九百九十九只半之多，号称"千槽入室"。可惜这两座宗祠已遭毁坏。

现在保存完好的刘氏宗祠，要数坐落于天宝村中的"四季公祠"（又称"昭公祠"）和与之相距两公里、坐落于潭市村的"谦公祠"了。前者建造于1585年，祭祀的是刘氏四位六世祖；后者兴修于1493年，专为祭祀八世祖刘彦谦一人而造。说起这两座宗祠，如今的刘氏裔孙都挺纳闷，为何八世祖的祭祠倒比六世祖的宗祠早修了近百年呢？究其缘由，竟是一段兄友弟恭的佳话。

天宝刘氏宗族由刘椿公一脉传承。据宗谱记载，刘椿之后，曾经四代单传，至第五代"阳"字辈，才有了阳祖、阳可兄弟二人。自五代之后，刘家开始人丁兴旺，两位阳字辈兄弟各生四子，是为八位"季"字辈兄弟。宗谱称阳祖四子为"上四房"，阳可四子为"下四房"。上、下四房兄弟发脉到第八代，刘氏已是丁财并茂的地方望族，族中有识之士出于家族发展的战略眼光，着手实施分宗立族举措。

然而，刘氏世代以忠厚传家、以诗礼继世，讲究的是孝悌，"兄友弟恭"已成家风。因而，刘氏上四房便主张长房分立出去，将现有的各项配套设施都已成熟的天宝居住地留给下四房；不料，下四房却坚决不受，认为弟夺兄权是为不恭。相传，两房子孙推让再三，以致发生争吵，险些让分宗立族的大计"胎死腹中"。后来，两房子孙在始祖刘椿公灵前焚香拜祭，以抓阄的方式决定去留问题。或许是祖先在天之灵有意玉成一段兄弟佳话，抓阄数十次，每次的结果都是上四房"去"而下四房"留"，此事这才得以确定下来。

明朝初洪武年间，刘氏上四房子孙由第八代一位名为刘彦谦的长者带领，去到两公里之外的荒山野岭开基，其间的艰辛可想而知。100多年后，家业初定，新造的房屋已初具规模，迁徙而来、安居乐业的子孙为了祭祀这位肇基之祖，着手兴建谦公祠，历时十余载，至弘治六年终于竣工。

谦公祠占地面积约2000平方米，三进二天井，八柱七开间，前檐高六米，正脊高十米。主体建筑前后两坡阴阳瓦面，左右回廊为单坡（向内）阴阳瓦面，外墙为青砖砌多阶风火墙，硬山屋顶。屋内前廊和后廊顶部均为海墁平板花格开花。后合置放祖龛，瓦面露明，地铺"金砖"。整座祠宇外观壮丽，气势宏伟；内构精致讲究，富丽堂皇。

相传，留在天宝居住的刘氏下四房子孙，见上四房修造了八世祖宗祠，便有了效仿之义。奈何下四房的八世祖都因祖宗灵前抓阄抓到的那个"留"字心怀羞愧，尽管他们也尽力辅佐了上四房开创基业，但是他们一致认为自己是

"不恭"之人。于是，留下遗训，不允许后世子孙为自己立祠。

刘氏下四房子孙一代又一代地商量来商量去，终于在上四房立谦公祠的近百年之后修建了一座宗祠。但是他们不得不绕过自己的八世祖，而把宗祠定为祭祀下四房六世祖的四位"季"字辈祖先，因此宗祠也就被命名为"四季公祠"了。

四季公祠三栋一寝两天井，两拱一亭"回"字楼。三进大厅，石础屋柱，森然林立。正中议事大厅屋顶，镶嵌一个鸟巢形状的藻井，寓意刘氏一脉发祥，同巢而栖，休戚相关，荣辱与共。报本堂祖寝前左右各置回环小天井，瓦面露明，中央五步石阶，上到祖寝，抬头可见一个官帽形屋顶，取其"上得台阶、步步高升、加官进爵"之义。

谦公祠与四季公祠时间的沧桑，拂去历史的尘埃，伴随着宗祠的兄弟佳话，就像镶嵌于屋顶之上的明珠，总能在人们感到寒冷的时候散发着温暖人心的光芒。

分宗立族

所谓"分宗立族"，就是将部分房头的人丁从居住地分离出去，另行开疆拓土。在君臣父子、长幼有序的中国封建社会中，长房或长子在宗族中的地位是举足轻重的，往往能在诸如分家析产之类的家族变易中得到现实利益。

第六节　安徽省名门望族的宗祠

■ 龙川村胡氏宗祠

　　安徽瀛洲乡龙川村东、西、南三面环山，北有登源河绕村东流。龙川村自两晋以来人才辈出，如胡焱、胡汝能、胡思谦、胡富、胡光、胡宗宪、胡宗明等。胡氏聚居龙川村至今有1600余年历史，胡氏宗祠坐落于绩溪瀛洲乡龙川村，系国家的重点文物保护单位。

　　据《龙川胡氏宗谱》记载，始祖胡炎，原居山东青州濮阳，东晋大兴四年（318年）敕封散骑常侍兼中领军随元帝南下，镇守歙州。后于咸康元年（335年）1月，与绩溪华阳女王氏结为连理，并于两年后迁居，迁居地地势"东耸龙峰，西峙鸡冠，南则天马奔腾而上，北则长溪蜿蜒而来，羡其山水清丽，便卜龙川之口荆林里聚族而居"。

　　明嘉靖年间，龙川胡氏宗族中的胡宗宪考中进士，先后任浙江巡按御史、右都御史、太子太保等职，累官至兵部尚书。由于他在防御倭寇的斗争中战绩突出，加上与权贵、大奸臣严嵩来往密切，曾经显赫一时，富甲一方。后因严嵩事发，胡宗宪受到牵连，被捕入狱，于公元1565年死在狱中。而就在胡宗宪为官期间，始建于宋代的胡氏宗祠得到了大规模修缮。之后，胡氏宗祠还曾于清光绪二十四年（1878年）

重修。现存主体建筑结构为明代特征，内部装修具有清代风格。

胡氏宗祠坐北朝南，位于登源河与龙川河相交的地方。青砖白墙，厅堂典雅，竹树环抱，环境清幽，具有典型的徽州民居特征。祠内装饰精美，尤以保存完好的各类木雕为最，有"徽派木雕艺术宝库"之称。

胡氏宗祠三进七开间，为砖木结构。对岸石坊照壁前导，大块花岗岩铺砌平敞的露台，正门重脊翘角凌空，檐牙错落。两侧码头墙封山，威严儒雅，极具徽派特色。宗祠建筑主体与主要的雕饰依旧保持明代风格，线条粗犷，风格淳朴。整座宗祠由影壁、平台、门楼、庭院、廊庑、祭堂、厢房、寝厅、特祭祠等九大部分组成，总建筑面积达1564平方米。宗祠由前至后渐次增高。采用中轴线东西对称的建筑方法，匀称严谨，非常壮观。徽式马头墙有两种，上方下圆，状如印鉴的，俗称"朝天印"，为文官的象征；两头翘起，形似宝剑的，叫"喜鹊尾"，是武将的象征。

宗祠的门楼是重檐歇山式建筑，面阔七间，进深两间，建筑面积为154平方米，由28根立柱、33根月梁架构而成，又称为"五凤楼"。门楼上悬有邵华泽书写的横匾"江南第一祠"。仪门彩绘秦叔宝、尉迟恭两位门神。门、厅、室、廊之间，设置了天井；天井中辟甬道，植花木，富有江南民居格调。祭堂由48根立柱和54根梁枋构成。宗祠集徽派木、石、砖三雕及彩绘之大成，其中以木雕最为精湛，素有"木雕博物馆"之美誉。

胡氏宗祠的木雕基本上分布在门楼、正厅落地窗门、梁勾梁托和后进窗门等四大部分，均以龙凤吉祥、戏文人物、山水花鸟、优美境地等画面为立意构图。花雕采用浮雕、镂空雕和线刻相结合的技艺手法，图案活灵活现、栩栩如生。高大门楼的雕刻是以戏文人物和龙狮相舞为主体的图案构成的,门楼22米宽斗拱承挑屋檐,翘首腾空。门楼前后两间各有六根石柱、五根月梁和方梁,结构严密,布局匀称。方梁梁面雕刻"九狮滚球遍地锦宗祠九龙戏珠满天星"的精致图案,两侧则是内容各异的戏文人物,文武百官聚集一堂,三军听令跃马横刀,一幅幅鏖战沙场的画面展现于眼前,仪门上彩绘有尉迟恭、秦叔宝两位门神,两侧石鼓相依、大狮对峙。

据史料记载,龙川村曾有25座牌坊,均是明朝胡富、胡光立、胡宗宪、胡宗明等人设立的。现存的有明嘉靖四十一年为户部尚书胡富、兵部尚书胡宗宪所立的奕世尚书坊一座,一村落一家族一甲子,两进士两尚书两贤臣,这是何等荣耀!奕世尚书坊为石质仿木结构,三间

▲ 龙川村胡氏宗祠

四柱五楼，气势恢宏。南北两侧各有抱鼓石一对，门楣上分别镌有"奕世尚书""奕世宫保"，系明代书法大家文徵明手笔。额枋图案精美，雕刻技艺精良。与奕世尚书坊隔溪相望的还有一座都宪坊，是为胡宗明设立的。胡宗明系进士出身，曾以副都御史的身份视察辽东，行使监察御史之职，统领地方诸事。牌坊建于明嘉靖四十二年（1563年），为仿木结构，三间四柱五楼，高十米、宽九米，其镂空浮雕的龙、狮、鹤、鹿及明代书画大家文徵明手书镌刻的"奕世尚书宗祠奕世宫保"具有极高的艺术价值。

祠内遗留下数块古匾额，一块为"世恩堂"匾，落款"嘉靖丙午之秋""文徵明书"；一块为清朝吏部尚书奉乾隆皇帝旨意撰写的匾额，叙述了胡宗宪的抗倭功绩，肯定了不与严嵩同流合污的高洁品性，属于盖棺定论式的皇家文书；一块为礼部尚书董其昌题"胡氏宗祠"匾额，均属于胡氏宗祠宝贵的文化遗产。

胡宗宪还在龙川村里建造了典型徽派建筑尚书府，建构精良，为典型的明代建筑，更是中华的文化瑰宝。尚书府俗称"二十四个门阙"，鼎盛时期曾七世同堂。在从善堂阁楼上的胡氏家族文书中，记载着四十四世胡法源、四十五世胡树铭、四十六世胡炳衡、四十七世胡增鑫的名字，连同四十八世"锦"字辈，分别暗含水、木、火、土、金。胡姓人口在绩溪居于首位，因始祖入迁时间先后不一，便有了"四胡"的称谓，分别指的是龙川尚书胡、上庄明经胡、北门金紫胡、城东遵义胡。其中，龙川尚书胡，自始迁祖胡焱传至今天的"锦"字辈，已历时1600余年，四十八世。

在胡氏宗祠东侧，还建有一座副祠，其结构分为上下堂，高度仅有正祠的一半，且雕饰简陋。这座副祠正是丁姓宗祠，其上方悬挂有牌匾"邦家之光"。相传，从外村请来的丁姓曾住此护祠。不过，奇怪的是，这户丁姓人家代代单传，至今已是十六代。

■ 西递村明经胡氏追慕堂

2000年11月，安徽省黟县西递村与歙县宏村这两个中国古村落同时被联合国教科文组织列入了世界文化遗产名录。其中，西递村坐落于黄山的南麓，依山傍水，有"桃花源里人家"之美称。始建于北宋皇祐年间，发展于明代中期，鼎盛于清代初年。

据史料记载，西递始祖为唐昭宗李晔之子，其因遭变乱，遂易为胡姓，逃匿民间，繁衍生息，形成了聚居村落。所以，西递村胡氏拜唐太宗李世民为远祖，以李唐后裔为荣耀。西递村自古文风兴盛，明清时期，一部分读书人弃儒从贾，经商成功后，大兴土木，建房、铺路、修祠、架桥，将故里建设得非常气派、堂皇。历经数百年的风雨飘摇，半数以上的古民居、宗祠、书院、牌坊已经被毁，但仍保留有数百幢古民居。

西递村的房舍以敬爱堂、追慕堂为中心，沿前边溪、后边溪呈"带"状布局。宽度约三米的正街、横路街、前边溪、后边溪街等四条街道，构成了村落主要的道路骨架。40余条保存完好的古巷弄覆盖全村。在敬爱堂、追慕堂、胡文光刺史牌楼等公共建筑前均有着小型广场。大街小巷均采用黟县青石板铺设，路两侧有排水明沟，街巷空间时而封闭、时而开放，有着丰富的天际线。住宅大多临水而建，具有很强的亲水特征。高耸的马头山墙，曲折的墙面，不同形状的石雕漏窗，街头巷尾的石凳、水井，跨以水溪的石板桥，如此种种，使得西递村从整体上仍保留着明清村落的基本面貌与特征。

村头有一座明万历六年（1578年）建的三间四柱五楼青石牌坊，峥嵘巍峨，结构精巧，是胡氏家族地位显赫的象征。从明中叶起，西递明经胡氏宗族即大兴土木建造宗祠。据《明经胡氏西递壬派族谱》记载：西递村三千烟灶三千丁，共建二十六座宗祠。其中，总祠一座，即本始堂又叫明经祠；总支祠两座，为敬爱堂和常春堂；分支祠有仁让堂、惇典堂、存仁堂、敦化堂、追慕堂等十九座，家祠有迪吉堂、锄经堂、培芝轩、蔼如公祠四座。现尚存追慕堂、敬爱堂等多座宗祠。

追慕堂建于乾隆五十八年（1794年），为明经胡氏二十四世祖、江南六大富豪之一的胡贯三所建。胡贯三生前曾被诰封为"正四品中宪大夫"，去世十三年后，因其在世之时积德行善、福及乡党，又被嘉庆皇帝诰封为"正三品通议大夫"。出身于重理学、惇礼教的家庭的他虽经商数十年，相传拥有"七条半街"店铺、"三十六典"资产，一生最注重商德与修养，秉持"以诚待人，以信处事，以义取利"的商德，主张"以善为本，以和为贵，以德为基"的修养，重视"以商从文，以文入仕，以仕保商"的人生格言，秉承祖训，崇文尚义，乐善好施，福及乡里，一生有八万两银用于善举，被誉为"明经胡氏诗礼孝义人家"。他建追慕堂奉祀祖父丙培公、父亲应海公，以表达追宗慕祖之心与激励宗内子弟仿效之义。

追慕堂大门门楼檐角飞翘，檐下的三元门外设有红色木栏，木栏中间夹着两根方形黟县青石柱。大门外"八"字墙用整块打磨光滑的黟县青石板制成，两侧置有高大石瓶。在三元门内，祠门上高悬红底金字的"尊宗敬祖"匾额，门前是一对避面鼓。祠内天井四角依旧是气派的黟县青石柱，天井四周檐下横枋悬有匾额。宗祠正厅横枋上依次悬挂的匾额分别为"天恩重沐宗祠德泽百世宗祠追慕堂"。"追慕堂"匾额下方供奉有胡贯三祖父、父亲的画像，画像两侧的楹联分别为"老祖宗家训义祖大于始祖，明经公教诲儿孙不得复宗"与"三延并茂源流远，十千衍派锦世泽"。天井东、南方向横枋上分别挂着"累世簪缨宗祠光朝宠锡"匾，天井西向横枋上挂的是"君父王嗣"，东西两侧墙壁上挂着明经胡氏祖训族规。宗祠后进的凌烟阁是楼式建筑，楼上楼下之间有长方形的天井，天井之下设带有台基、栏柱、栏板的盛水石槽。与西递其他胡氏宗祠里供奉先祖昌翼公不同，追慕堂凌烟阁的神位中央是唐太宗李世民，他的两侧分别站立的是魏征与李靖。神位前的横枋上悬有"有道明君"匾额，两侧墙上镌刻着李世民手书的"以铜为镜可以正衣冠，以古为镜可以知兴衰，以人为镜可以明得失""去奢省费轻徭薄赋，选用廉吏使民衣食有余，为君之道必须先存百姓"。神位对面的侧墙、南墙及南门板上，均绘有大唐功臣图。看来，追慕堂也在追慕西递明经胡氏的远祖，追忆"李与胡"的渊源与"李改胡"的古老故事。

相传，李世民之十二世孙唐昭宗李晔在"朱温之变"中迫于梁王朱全忠的威逼，仓皇出逃，皇后何氏在途中诞下了一名男婴。恰逢新安婺源人胡三宦游于陕，暗地里将太子抱回徽州婺源考水，将其取名为昌翼，改为姓胡。另有一说法称，唐昭宗因遭"朱温之变"被害，其子经奶娘覆席带至徽州婺源考水，遂隐姓埋名，随奶娘夫胡姓，即胡昌翼公，后唐同光三年登明经科，遂自称明经胡氏。昌翼公成了西

▲ 西递村明经胡氏追慕堂

递胡氏之始祖。明经胡氏迁至西递，则是在宋皇祐元年。昌翼公之五世孙胡士良因公务往金陵道经黟县西递，见其山川毓秀，水势西流，有"天马涌泉之胜、犀牛望月"之奇，翌年便举家自婺源考水迁至西递村繁衍至今。

在婺源考水村，有一座木桥，名为"明经桥"。建桥的缘起，是村人胡昌翼于后唐同光三年（925年）得中明经科进士。昌翼正准备赴任之时，养育他的考水人胡清破墙掏出龙衣御衫、珠宝血书，把大唐败落、江山易主的故事告诉了他。原来，胡昌翼是李唐龙种的血脉，在朱温谋反篡权、大肆杀戮的危急关头，身为内侍郎的胡清抱着幼小的太子趁乱逃脱，隐居于考水老家，并将太子改李姓胡。胡昌翼知道了自己的身世后，发誓终身不仕。一生于乡里耕读，建明经书院以讲学传道，于幽谷怀古，于大泽射猎，于僻壤访友，于高台舒胸，96岁时无疾而终。一座太子墓如今已有千余年的历史。

在考水村建木桥时，原想保密，不料距考水数里远的一个村子却建起了大型石拱桥，公然取名为"太子桥"，村名也改与桥名同。太子桥的外貌像极了16人抬着的皇家大轿，尽管落于民间，定格于村野，却也是威风凛凛、不卑不亢。悲情故事中的主人公大约想不到，"三十年河东三十年河西"，他的身份、功名依然可以成为后人炫耀的资本，成为后人大兴土木的精神动力。

天高皇帝远的地理条件,让一切隐匿成为可能;土肥水美的自然环境,让一切生存都成为永久。然而,西递村胡氏始终牢记列祖列宗的家训:"义祖大于始祖,儿孙不得复宗。改姓不改郡。"这家训赫然张贴在追慕堂中,镌刻在族内子弟的心灵深处。

■ 歙县昌溪周氏宗祠

昌溪水位于安徽省歙县以东,围着的一个拥有千年历史的昌溪村自北向南流淌不息。依山傍水的昌溪村绵延数华里,有"歙南第一村"的盛誉。昌溪村以古树、古祠多而著称。古祠,堪称村中的一大景观。自村南明代建的"西静庵"起,至村北海瑞手书的"务本堂"为止,形成了一条长三公里的古建筑群,有各具特色的民居800多幢。其中有古祠16座、社庙5所、寺庵3座,以及书院、学校、护村城墙等。独具特色的古祠有多处。包括元末建的"太湖祠"、明代建的周氏宗祠"六顺堂"与清代建的"寿乐堂"。

昌溪村是吴氏、周氏两个家族的聚居之地,故以周、吴二姓人居多。周氏族人崇尚耕读,从明永乐到清末400多年间,共出有进士4人,举

▲ 歙县昌溪周氏宗祠

人19人，贡元23人与秀才74人。

周氏宗祠始建于明孝宗弘治十年，主体建筑面积747平方米，为典型的明代徽派古建筑。宗祠的选址负阴抱阳：坐北朝南，背靠来龙山，青松翠柏；门临昌源河，流水潺潺。祠前辟有两大坦场，可容千人，全以鹅卵石缀成。通街大道，穿坦而过，上溯昌溪、石潭，下通深渡、县城。整个宗祠布局分栅棚、丹墀、正厅、拜堂和寝殿五大部分，是"三进两明堂"的代表作。

正门之上高悬有"周氏宗祠""钦点主政""恩赐进士""四世二品"等匾额。脊顶用特制镂花雕砖压顶，上有十三对剔透麒麟相对而立，两边犄角上翘，直指苍穹，凸显富丽凝重。那立柱、那石狮、那檐上的飞鸟走兽，无不记录着宗祠昔日的辉煌。在三进的殿堂中，有108平方米的天井，两边走廊宽敞明亮，十根黑色"黟县青"方石柱环绕四周，有浓重的古朴庄重之感。抬头正厅可见"六顺堂"匾额，正厅左右大梁之上悬挂的"吏部尚书""进士""文魁""少廷尉"等功名匾以示周氏的显赫家世。

■ 磨店乡李鸿章报恩祠

磨店乡位于合肥市瑶海区，村子中有一个"许漕坊"，里面匿藏着一处李鸿章及其兄弟修建的宗祠——报恩祠，这座宗祠是目前合肥规格最高的宗祠。几经浩劫，虽已破败，但保存还比较完整。

报恩祠占地约1500平方米，青砖灰瓦的旧屋门前竖着雕饰精美的石鼓，木梁雕饰考究。雕梁画栋，飞檐翘角，木雕栩栩如生、彩绘细腻精美。牡丹富贵、狮子倒挂，还有二十四孝图。在这个宗祠的最高

▲ 李鸿章像

梁上,记录有这座宗祠修建的日期和修建人的姓名。若仔细辨认,便能发现"兵部尚书、太子太傅""李鸿章、李鹤章"等字样。当时"报恩祠"的寝堂正中还高挂着慈禧太后、光绪皇帝及曾国藩等人御赐、题写的匾额。中央是"庆祝永昌",两侧分别为"木本水源""升平人瑞"等。

这座报恩祠也一直被许姓的人称作"许氏宗祠"。晚清重臣李鸿章的祖上并非姓李,而是姓许。这座宗祠是李鸿章和其兄弟在光绪二年时修建的,为报答许姓之恩,由李鸿章命名并亲笔书写"报恩祠"匾。合肥地区有资格修建七开间宗祠的只有李鸿章了,这是合肥一带目前规格最高的宗祠。在淮河路李鸿章故居中,收藏有一本民国14年编撰的《李氏宗谱》,于卷六中记录曰:"穧所系同县许光照公次子过继。"此外,在另一本合肥李文安(李鸿章之父)支谱简史上有详细说明:李鸿章的八世祖许光照,与同庄的李心庄既是姻亲,也是好友。李心庄无子,收养许光照次子穧所为嗣,遂改李姓。李鸿章先世一般都兼

第三章 名门望族的宗祠

祧李、许两姓。李鸿章之父李文安因参加科举考试，不能以双姓报考，遂舍许从李。在许氏的总谱上，李鸿章写的序上有"李许本一家，百世不通婚"的规矩。

 **知识链接**

兼祧现象

兼祧，相对于我国传统立嗣的继承习惯而言，是一种特殊的继承方式。通常，"兼祧"是指"在数个亲兄弟中只有其中一个有独子、其他兄弟无子的情况下，经协商自愿并得到家族允许后，让该独子同时承继该已亡兄弟之宗祧，各房为其各娶妻子，以期生子继承各房之嗣的制度"。祧，取"承继先代"之义。

兼祧在清代民事习惯中作为一项立嗣继承规则，使独子可同时成为两房乃至多房的继承人。根据《民事习惯调查报告录》对这一习俗的调查显示，兼祧在清代尤其是清代中后期发展成熟且分布相当广泛，具备完善的适用条件与效力。一般来说，构成兼祧，须同父周亲均系独子，兼祧子所娶妻室均按其所属各房而享有正室的地位。

第七节　台湾名门望族的宗祠

■ 金门琼林蔡氏宗祠

台湾是一个汉族移民屯垦拓植的地域。清乾嘉时期，广东、福建移民发展为当地颇具影响的乡绅望族，宗祠兴建之风最盛。宗祠建筑是300年来汉人移民社会的里程碑，是血缘家族、社会贤达认同中华文明渊源、认祖归宗的具体标志。

台湾金门琼林村，是以蔡氏宗族为主的传统血缘型聚落，因明清两代人丁兴旺，登科受禄者诸多，注重慎终追远的传统，目前村内有

▲ 琼林蔡氏宗祠

7座宗祠。创建于道光二十一年（1841年）的金门琼林蔡氏十一世宗祠，建筑结构宏伟，雕工精良。

门厅即前殿，因祀奉的祖先或先贤先烈并不具有神格，立面形式遵守朝廷规制为三开间。门楣上高悬的门匾、左右门联或窗楣的题字，表示宗祠的属性和宗族姓氏。悬挂在宗祠正堂的匾额，其多寡代表着家族的兴盛及家世的显赫。"蔡氏家庙"是金门琼林蔡氏家庙的匾，"文魁"是金门琼林蔡氏十一世宗祠的功名匾。

正堂就是正殿，又称作祖先厅或正厅，为敞厅形式，木构精美，匾额历历，主要功能用于安放主祀牌位。在宗祠的外观上，一条龙脊的屋顶是其一大特色。宗祠设有后殿，供主祀者远祖牌位。金门又将无子嗣而领养外姓者称之为花宗，日后虽发达，却只能置于后殿而不能进入正殿，特称后殿为花宗祠。正堂前的天井，正式祭典时参与者依序排列于此。两廊平常为过道的功能，祭典时可以容纳较多的观礼者。两侧设有护室，作为居住、私塾课堂、办公及储物用。

■ 苗栗县通宵镇马氏宗祠

来台湾开基的客家人，大多聚族而居，依然沿袭着传统宗法礼制和民风民俗，尽管不断吸收着当地的文化精粹，适应这里的自然生态与文化生态，以求繁衍发展，然而却始终坚守其根其魂。民居和宗祠的形制布局、装饰题匾，是传统宗法礼制和民风民俗的物质文化、制度文化、意识文化的典型表达。

在台湾，宗祠依其祀奉的对象，可分为供奉先贤先烈者与宗族先祖两类。供奉宗族先祖的家庙与宗祠，是以血缘为基础的私人宗祠，在地方上不仅数量多，而且具有一定的影响力，尤其是地方望族，其宗祠建筑规模宏伟，可与寺庙相媲美。台湾的宗祠建筑外观大致可以分为两类：一类形如合院，较朴实，除了屋脊使用燕尾外，与一般传统宅第没有差别，甚至有的宗祠就是原来的古屋；另一类就是大型宗祠，多为经济能力较佳者主持兴建，雕梁画栋的外观几与寺庙无异，意在显示家族地位。台湾宗祠的格局及空间功能，通常有单殿、两殿与三殿三种格局。其中以前殿为门厅，第二殿最常见的是正堂的两殿式。宗祠均以安放祖先或先贤牌位的正堂为最重要的位置；规模大的宗祠，有时会增建奉祀外姓祖先的"花宗祠"。

正堂内的神龛雕刻精细，以隔屏分别内外，龛内常设阶梯状的木架子，层层安放有历代祖先或先贤先烈牌位，中央是最古远的先祖。

细读宗祠中高悬于梁上的匾额及柱上的对联，一个家族的历史缩影与对子孙延续昌旺的期许尽在其中，令人心生思古幽情。宗祠中常见的匾额依性质可分成三类，即郡望堂号门匾、功名封赠匾、彰显祖德匾。撰写题匾之人通常都是家族中有名望者，或是虽不同族但同姓的同时代达官贵人。

依清制，三品以下的门屋一律使用黑色，宗祠即承袭此古风，多采用沉稳的深色系彩绘。金门地区的宗祠多能遵守彩绘的用色原则。台湾本岛有些大型宗祠与寺庙争辉，并未严守用色规制。

客家人聚居的苗栗县通宵镇扶风里马家庄，位于山窝中的一块盆地上，绿油油的稻田，野花争艳的田埂；根深叶茂的古老榕树，竹林掩映下的民居聚落，红瓦红墙，外形、布局、装饰都与闽南古厝一脉相承，地方气息十分浓郁。在村头的路边，有一个马氏宗祠，外观朴实无华，沿袭了闽南古厝一正两厢式的合院布局，一红到顶的传统民居，形制和用色同一般民宅无异，若不是墙上有一块"马氏宗祠"小牌匾的标志，是很难与旁边的民宅区分开来的。

宗祠的"扶风堂"匾额，说明了马姓家族的地望缘由，也道出了一段认祖归宗的佳话。由湖南迁台的马英九先生与由广东迁台的台北警察大学教授马传镇先生，祖籍都是陕西省扶风县。1991年两人论起宗族辈分来，马传镇还是长辈，就把苗栗县通宵镇的马氏宗祠的缘起告诉马英九，续上了宗族宗谱。后来，马英九的光环越来越耀眼，颇为族人争光。回拜宗祠，也使得马氏宗祠蓬荜生辉。至今，其外墙上还贴着红底黑字"天命时运，马辰八春，九龙迎珠，全民幸福"，内墙上贴的黄底黑字藏头诗"马英九周美青萧万"。

 知识链接

文 魁

文魁，系古代科举制度中一种对举人的称呼。秀才考上举人之后，方可考进士。新科举人第一名称为解元，第二名称为亚元，第三、四、五名均称为经魁，第六名称亚魁，其余称文魁。

第四章
圣贤名士祠：德义功高垂千古

"江山代有才人出，各领风骚数百年。"古人相信有惠于民的圣贤将相、才怀古今的文化名家、功高千古的忠臣良将往往死后会变成神，能够在祠庙中接受后人的祭祀礼拜，佑护苍生，泽被后世。

在为数众多的圣贤先哲的宗祠里，孔庙算得上是表率万世，仪范千秋。在精神上，孔儒的思想一直都是历代宗亲思想发展的根基，是承载着宗祠事业几千年兴旺的力量。在物质层面，孔庙已经发展为堪与帝王宫殿相比的庞大建筑群。祭孔在唐初被定为"国之大祭"，历代均列为祭祀要典。还有司马迁、王羲之、屈原、陶渊明、李白、杜甫、韩愈、柳宗元、苏轼、陆游这些文化名家，他们的高尚品格与文学艺术成就对后世的影响极为深远。更有忠臣良将周公旦、张良、诸葛亮、岳飞、杨业、包拯、郑成功、海瑞、林则徐等，他们去世之后，人们建立祠庙，以示永远怀念与崇敬之情。

第一节　文贤武圣祠

■ 曲阜孔庙

曲阜市位于山东省中南部，有着5000多年的悠久历史。是春秋时期鲁国的都城，也是孔姓始祖当年自宋国迁至鲁国后的开基地，即孔姓的发源地之一，还是儒家创始人孔子的故乡。山东曲阜的孔府、孔庙、孔林，统称为曲阜"三孔"，是千百年来孔姓一族的骄傲。

建筑学家刘致平在其著作《中国建筑类型及结构》中说，孔庙是尊祀孔子的地方，因为与武庙相对，所以称为文庙。汉初尊崇儒术以来，历代尊孔兴儒，曲阜孔庙越来越大。唐宋以来，国内大都邑常建有文庙，到清代几乎各省大小县城全有文庙了。孔庙显然是一般祠庙常用的四合院制度，不过多了万仞宫墙、泮池及棂星门等特殊布置而已。曲阜孔庙是最大的孔庙，也是全国最大的祠庙建筑之一，其中的宋代建筑国内少见。最主要的院落采用唐以来常用的周围回廊制度，气象万千，是我国建筑的最高等级。在院庭北端正中的大成殿，采用两重台基制式，地位高贵。曲阜孔庙的大成殿、奎文阁、碑亭以及门、桥、牌坊等，比一般孔庙要大得多。

我国著名古建筑学家潘谷西在其主编的《中国建筑史》中称，曲阜孔庙自鲁哀公十七年因宅立庙以后，历朝屡有修理或增建，至明代基本形成了现有的规模。孔庙沿中轴线布置，有九进院落。前三进是前导部分，有牌坊和门屋共六座，院中遍植柏树。第四进从大中门起是孔庙的主体部分，围墙四隅起角楼，以大成殿庭院为中心，前有奎文阁及皇帝驻跸处；东有诗礼堂、崇圣祠、家庙和礼器库；西有金丝堂、启圣殿和寝殿及乐器库；后有圣迹殿和神厨、神庖。奎文阁是一座庋藏典籍的三檐楼阁，建于明代。在奎文阁后十三座碑亭中，有金代遗构两座、元代遗构两座。

大成殿是孔庙的主殿，建于清雍正七年（1729年），是全国四殿堂之一，为歇山重檐式形制，仅次于故宫太和殿的庑殿重檐式，是最高级别的民间建筑。重檐九脊，黄瓦飞甍，周绕回廊，斗拱交错，雕梁画栋。廊下四周环立的二十八根雕龙石柱，均以整石刻成。殿名源于宋徽宗尊崇孔子为"集古圣先贤之大成"。大成殿内高悬乾隆帝手书"万世师表"等十方巨匾和楹联。殿内正中供有孔子塑像，左右有颜子、曾子、子思和孟子像，称"四配"；两侧又有塑像十二尊，他们是闵损、冉耕、冉雍、宰予、端木赐、冉求、仲由、言偃、卜商、颛孙师、有若和朱熹，为"十二哲"。

奎文阁是孔庙主体建筑之一，完全是木质结构，三层飞檐，四重斗拱，结构合理，坚固异常，经受了几百年的风风雨雨和多次地震的摇撼，为中国古代木楼建筑的孤例，始建于宋天禧二年，原名藏书楼，金代明昌二年重修时改名为"奎文阁"。"奎"是二十八宿之一，古人把奎星附会为文官之首；封建帝王把孔子比作天上的奎星，遂在孔庙建奎文阁。从"金声玉振"石坊开始，有九进院落。第一进从棂星门到时圣门，中有太和元气坊与至圣庙坊。第二进从时圣门到弘道门，中有圣水桥。第三进由弘道门到大中门。第四进由大中门到奎文阁，中有同文门。在上述这四进院落中，两侧各有两座旁门。奎文阁到大成门之间为第五进，在这层院落中有十三座碑亭，都是历代皇帝颂扬孔德和加封孔子的御碑。进入大成门为第六进，大成门与大成殿之间的中轴线上有杏坛，据说这里曾是孔子当年设馆教学的地方。大成门与大成殿之间由两庑把庙院分成三路，东西两路各有两进院落，可以算作七、八进，加上大成殿后的寝殿与圣迹殿，正好九进，成为了名副其实的"九重宫阙"。它南北长1000余米，占地面积面积327亩。共有殿堂房舍466间，先后建于金、元、明、清各代。布局严谨，气势恢宏，是我国除北京故宫以外最大的宫殿古建筑群休。

汉高祖刘邦，原本是沛县高阳酒徒，素来不喜欢儒生。其依靠武力夺取政权高居皇帝宝座之后，才认识到儒学对巩固封建社会秩序、维护封建统治方面的作用。在高祖十二年以太牢祭祀孔子，开创了历代皇帝祭祀孔子的先例，期望在祭祀孔子的活动中求得九鼎永传。

历史上凡是少数民族入主中原所建立起来的政权，祭孔活动的规模、修建孔庙的工程都远远超过了前代的汉族政权。如东魏孝静帝兴和元年，不仅修葺了旧庙，还"雕塑圣容，旁立十子"；北部的金，修建孔庙四次；横跨欧亚两洲的元，修建孔庙六次；由松辽平原闯入山海关的清，修建孔庙、祭祀孔子的活动在整个中国传统社会中达到了最为鼎盛的程度。从中我们可以感受到少数民族精英对主流文化的认同态度。他们深深懂得在家国宗法礼制所形成的封建社会超稳定结构之中,儒学纲常伦理对于巩固封建社会皇权统治的顶梁柱作用。孔庙，不仅是一种特殊形式的孔氏家族的宗祠，也是中国传统文化的殿堂。

汉平帝时期，孔子首次被封为"褒成宣尼公"，而汉代时则"罢黜百家，独尊儒术"。唐代出现了孔子与周公孰能称"圣"的纷争，显庆二年，孔子复得"先圣"地位。唐玄宗修订《唐六典》，明文规定国家祀典有四：一祀天，二祀地，三祀人鬼，四祀先圣、先师。皇帝封孔子为"文宣王"，让孔子偶像在庙中教书先生的侧席转为面南而坐；孔子塑像身穿绘有龙纹的"衮冕"；孔子的形象也从有教无类的先生，转变为帝王之师，再登"万世道统之宗"。德宗贞元四年兵部侍郎李纾的一道上疏使孔庙在全国遍布，孔子为天下通祀。

在大成殿后的圣迹殿内，中央放置的是清康熙皇帝手书"万世师表"石刻，字下正中为唐代大画家吴道子画的《孔子为鲁司寇像》；左边是晋代名家顾恺之所绘《先圣画像》，又称《夫子小影》，据说这是孔子像中最接近孔子原貌的作品，故而孔子四十八代孙孔端友于宋绍圣二年摹勒上三石。右边是吴道子画的《孔子凭几像》，孔子按几而坐，弟子分侍左右，孔子四十六代孙孔宗寿于宋绍二年翻刻石上。

在这些画像上，有宋太祖、宋真宗等皇帝的御赞，有宋代绍圣、政和等年号和题跋。殿内有宋代书法家米芾篆书的《大哉孔子赞》，还有清康熙、乾隆皇帝的御制碑等，

▲ 曲阜孔庙鸟瞰图

无一不昭示着孔子的文化至尊地位。孔庙近门处主要由400米长的甬道与棂星门、圣时门、弘道门、大成门、同文门五座门组成。在中国古代礼制上，只有皇宫前才有建"五门"的资格，可见朝廷对于孔子的极度尊崇。

曲阜孔庙中共有大小碑刻2200多种，是我国一处石刻艺术宝库。在奎文阁前的廊下，有石碑两座——《奎文阁赋》与《重置奎文阁藏书记》。院内还有石碑四座，它们分别是由明太祖朱元璋、明成祖朱棣、明宪宗朱见深、明孝宗朱祐樘刻立。在杏坛亭内有石碑两座，一座为清代乾隆皇帝题写的《杏坛赞》，一座为金代文学家、书法家党怀英撰写的《杏坛碑》。大成殿的东、西两庑，原是供奉着孔子弟子与历代名儒155人的牌位。在文化大革命中，这些牌位被毁，改为石刻陈列。西庑陈列的汉画像石有100余块，涉及到人们生活的各个方面，具有很高的文物价值与历史价值。东庑，主要陈列汉魏以来的历代碑刻。这里有西汉中元元年（前149年）刻立的《鲁灵光殿北陛刻石》，是孔庙中现存刻制时间最早的石碑；《鲁郡太守张猛龙碑》，是魏碑书法的典范；《鲁相韩敕造孔庙礼器碑》《鲁相乙瑛奏置孔庙百石卒史碑》《史晨碑》《泰山都尉孔庙碑》等汉隶中的精品。其他如《鲁孝王刻石》《孔谦碑》《豫州从事孔褒碑》等汉碑，《贾使君碑》《李仲璇修孔子庙碑》等魏碑，以及宋代书法家米芾、元代书法家赵孟頫的书法刻石，也都是曲阜孔庙碑刻中的珍品。

■ 衢州孔庙

在我国，孔庙可被分为三类，第一类是官方祀孔之地，设在国子监（太学）内，地方上则设在州学、（郡）县学中；第二类是民间建立的孔庙，分布于全国各地，俗称"文庙"；第三类就是孔子世家的家庙，是孔子后裔奉祀孔子等列祖列宗之地。在我国，孔氏家庙仅有两座，一座在山东曲阜，一座在浙江衢州。

宋靖康二年（1127年）四月，金兵陷汴京，掳走徽、钦二帝，北宋宣告灭亡。次年五月初一，赵构在应天（今江苏南京）称帝，改元建炎，成为南宋王朝的第一位皇帝。建炎二年（1128年）秋，宋高宗在扬州行宫举行郊祀，诏远在曲阜的孔子四十八代、孙衍圣公孔端友等侍祀。时逢金兵分三路向山东、河南、陕西进发，取道山东，在建炎三年（1129年）春初攻下徐州，进而南下，直指扬州。宋高宗朝廷仓皇至杭州。孔端友已无法回到被金兵所统治的曲阜，只好追随宋高宗南渡。同年九月，金兀术分兵两路过长江，破建康，逼杭州，宋高宗携众往浙东逃窜，直至建炎四年（1130年）春金兵北撤。四月，宋高宗抵越州，驻跸州治。

宋高宗在越州的两年间，金王朝的力量逐渐北缩，南宋政权逐渐稳固，形成了南宋王朝与金王朝对峙之势。随着时局的稳定，南迁孔裔陆续赴任。绍兴元年（1131年）孔端朝奔赴徽州黟县，就任通城令，孔端思在杭就任府学教授。衍圣公孔端友任郴州知州，但到任时患疾病逝。孔端友去世后，对于孔子世家的定居问题，朝廷的处理非常慎重。宋高宗对滞留在衢州的孔子世家，做出了"诏以其（孔端友）子为右承奉郎，封衍圣公"的决定，绕过了孔子世家的居留问题。次年，又将无功名的孔瓒补为迪功郎，并令吏部授予其初品官职。宋高宗的用意有三：首先，对留在衢州的孔子世家的正统性、连续性再一次予以肯定；其次，对金王朝授孔端友之侄孔璠为迪功郎、受封衍圣公的举动予以否定，以保持孔子世家的统一；最后，对孔子世家继续留居衢州表示默认。

当时，暂居衢州的孔子世家多次请求于当地再建一座家庙，但是，若应允，那就表明宋高宗抛弃了"大一统"的传统，承认金王朝对孔子世家的分裂，同时证明南宋王朝无力收复山东等大片疆域，无力使南迁的孔子后裔回归曲阜，会带来恶劣的政治影响。为了让南迁的孔子世家有个祭祖之地，绍兴六年（1116年）宋高宗赵构做出了"诏权（衢州）州学为家庙"的两全之策。但到了宝祐元年（1253年），南宋不仅没有收复中原，反而失去了更多国土，宋理宗采取现实的态度，准衢州知州孙子秀之请，拨款三十六万缗兴建了第一座孔氏衢州家庙，以州学权代孔氏家庙的局面才告结束。州官孙子秀因此而升为太常丞。

南宋与金之间的长时间对峙，导致中国的长期分裂，也使得孔子裔孙南北分离。这种同时并存有两个宗子、两个衍圣公的分裂局面，长达150余年。元世祖完成统一大业之后，发现了关于孔子世家的两个情况：第一，"太宗世，诏孔子五十一代孙元措袭衍圣公卒，其子与族人争袭爵"；第二，元兵在攻下衢州之时，发现衍圣公孔子五十三世孙孔洙依然健在。为了维护礼仪与传统，为了"大一统"的帝国昌盛，经过数年的调查与思考，元世祖明确了"孔子后，自宋南渡初，其四十八世孔端友子玠寓衢……孔氏子孙寓衢者乃其宗子"。为了统一孔子世家，元世祖下诏"江南衍圣公入觐，命归曲阜袭封"。这项决定完全符合中国的封建宗法制度，有利于分离孔裔，归于统一。但是，在荣誉和利禄到来的时刻，江南衍圣公孔洙却怀着仁义的信念，以衢州有家庙，有五代先祖的陵墓以及年迈的老母为由，请求朝廷让他回归衢州，率已经南迁在江南的众多族人继续在衢州奉祀孔子等列祖列宗，恳请皇上将衍圣公爵位赐予曲阜的族弟孔治。元世祖同意了孔洙的请求，封孔洙为"国子祭酒兼提举浙江学校事"，并且给他"护持陵庙的玺书"，对孔洙让爵的高尚品格，元世祖十分感慨地赞颂说："宁违荣而不违亲，真圣人后也。"元世祖的决策，造成了南迁的孔子后裔具有两重身份：一是仍然和过去一样，具有一整套的宗族组织系统；二是爵位的孔洙及其嫡长子孙，持有元世祖签发的"护持陵庙的玺书"，仍然是这个特殊人群的首领。这个特殊人群，仍然以衢州家庙为祭祀场所，进行着正常的礼仪活动。因此，南北两部分孔子后裔虽然在元世祖的促成下互相认同了，但是孔子世家在实质上仍然被分为两部分，一部分在山东曲阜，一部分在浙江衢州。

自孔洙让爵之后，南宗王朝的正统地位被推翻。元朝统治者为了避免孔氏南北两宗日后相互嫌隙而生争执，更不允许南宗背忘孔洙让爵之风，制定了《整治孔氏弟子违犯家规》的典章，修订有《孔氏南宗家规》，立"遵制典""端教源""示劝惩""防冒姓""严诡寄""守祀田宗祠责报本"等条规，"行令在衢子孙永遵制典，恪守祖风，有违者以不忠不孝论。置之重典，永有叙录"。如此种种，格外严厉。《衢州家庙考》云："衍圣公洙让爵于曲阜，南宗中衰，家庙书楼，其制非宝祐之旧。"

衢州孔庙曾三迁三建，十余次修葺。现在的孔庙为明正德十五年（1520年）所建，位于衢州东隅，占地约20亩，基本上是按照山东曲阜孔庙的规模来建造的。建筑占地面积约1.39万平方米，分为孔庙、

▲ 衢州孔庙

孔府与后花园三部分。

坐北朝南，平面呈纵长形，以东、中、西三条轴线布局，庙前设有金声门、玉振门、棂星门、大成门四门。中轴线上有孔庙大门、大成门、甬道、大成殿、东西庑等建筑。进入大成门可上佾台，那是祭祀孔子时歌舞的地方，由青石铺成。紧接佾台的孔庙主殿大成殿，是庙内的最高建筑，为重檐歇山顶建筑，殿阁雄伟，气势不凡。双重飞檐中立有一块竖匾，上书"大成殿"三字，檐下挂着"生民来有"匾，为清雍正皇帝御笔。殿内有清康熙皇帝撰写的"万世师表"匾额，悬挂于正殿上方。大殿高23米，长和宽各9米。殿内正中是孔子坐像，两侧侍立着其子伯鱼及孙子思像，横梁上悬有十余块历代皇帝御书匾额。殿内共有木质圆柱十二根，其中最大的圆柱周长一米八，一人难以合抱。东西两庑祀十二哲、中兴祖孔仁玉以及孔传、孔端友。金声门左，是家塾之所在，内进为崇圣祠，祠后是圣泽楼（旧称御节楼）祠前稍西为报功祠，祀官绅之有功于南宗者。玉振门右有五支祠、袭封祠、六代公爵祠及思鲁阁等建筑。思鲁阁上奉孔子及亓官夫人楷木像，像高不足两尺。孔子长袍大袖手捧朝笏，亓官夫人长裙垂地，形象生动。阁下立有先圣遗像碑，相传为孔端友根据唐代画家吴道子手迹摹刻。

北京孔庙

北京孔庙位于东城区国子监街内,占地约2.2万平方米,为中国元、明、清三朝国家级祭孔之地。拥有全国最高的建筑等级与祭祀等级,如今被国务院列为全国重点文物保护单位。

北京孔庙于元大德六年(1302年)始建,大德十年(1306年)建成。明永乐九年(1411年)重建,于宣德、嘉靖、万历年间分别修缮孔庙大殿,添建有崇圣祠。清顺治、雍正、乾隆时又重修,光绪三十二年(1906年)升祭祀孔子为大祀,北京孔庙正殿被扩建。孔庙虽然经过几次重修,但其结构基本上依然保存着元代风格。

孔庙的大门是先师门(又称棂星门),面阔三间,深进七檩,单檐歇山顶。先师门两侧连接庙宇的外围墙,犹如一座城门。先师门北为大成门,创建于元代,清代时重修,面阔五间,进深九檩,单檐歇

▲ 北京孔庙

山顶。整座建筑坐落于高大的砖石台基上，中间的御路石上高浮雕海水龙纹图样。大成门前廊两侧摆放着十枚石鼓，每枚石鼓的鼓面上都篆刻有一首上古游猎涛，这是清乾隆时仿照公元前八世纪周宣王时代的石鼓遗物刻制的。

第一进院落是皇帝祭孔前筹备各项事宜的场所，两侧有神库、致斋所，用于祭孔礼器的存放和供品的备制；第二进院落是孔庙的中心院落，每逢祭孔大典，这里就会是一幅钟鼓齐鸣，乐舞升平，仪仗威严的盛景。大成殿为第二进院落的主体建筑，也是整座庙宇的中心建筑。

第三进院落是这座孔庙里最具特色的建筑，由崇圣门、崇圣殿与东西配殿组成独立完整的院落，与前二进院落分割明显而又过渡自然，反映出古人在建筑布局上的巧妙构思。这组建筑称为崇圣祠，是祭祀孔子五代先祖的家庙，建于明嘉靖九年，清乾隆二年重修，并将灰瓦顶改为绿琉璃瓦顶。崇圣殿又称五代祠，面阔五间，进深七檩，殿前建有宽大的月台，月台三面建有垂带踏步各十级。殿内供奉有孔子五代先人的牌位及配享的颜回、孔伋、曾参、孟轲四位先哲之父的牌位。东西配殿坐落于砖石台基上，面阔三间，进深五檩，单檐悬山顶，内奉程颐、程颢兄弟，张载，蔡沈，周敦颐，朱熹六位先儒之父。三进院落及其建筑有明确的建筑等级差别和功能区域划分，和谐统一地组成一整套皇家祭祀性建筑群落，是我国古代建筑的杰出代表。

大成殿是北京孔庙的正殿，重檐庑殿顶，面宽九间，进深五间，屋面上铺着黄色琉璃瓦，灿烂壮观。殿前有一座汉白玉石砌筑的月台。月台的东、南、西三面均修有台阶。殿内金砖铺地，内顶施团龙井口天花，殿中供奉孔子"大成至圣文宣王"牌位，神位两边设有配享的

"四配十二哲"牌位。神位前置祭案，上设尊、爵、卣、笾、豆等祭器，均为清乾隆是时期的御制真品。

在大成殿南侧台阶的中央，铺有一块长七米、宽两米的青白石，石上雕有一条蟠龙和两对二龙戏珠的图案，精美至极。在大成殿内正中有一座神龛，龛内供着孔子的牌位。神龛之前，安有祭案和祭器。神龛两侧，分别列有四配、十二哲牌位和编钟、编磬等乐器。神龛之上悬有一块黑底金字，上有黎元洪书写的"道洽大同"四字匾额；左右有九块清康熙至宣统九位皇帝的御匾，均是皇帝亲书的对孔子的四字赞语，分别是清代九位皇帝题写的，它们是：康熙的"万世师表"，雍正的"生民未有"，乾隆的"与天地参"，嘉庆的"圣集大成"，道光的"圣协时中"，咸丰的"德齐帱载"，同治的"圣神天纵"，光绪的"斯文在兹"，宣统的"中和位育"。这九块匾均为蓝底金字，气度不凡，具有极其珍贵的文物价值。

同山东曲阜孔庙一样，北京孔庙也是我国的石刻艺术宝库。其中最重要的石刻文物，当属明清记功碑、元明清进士题名碑与十三经刻石。

首先说一说明、清记功碑。这些碑石分别保存在大成门前两侧的碑亭内。在这里，有明英宗时期刻立的建太学碑，有清代康熙、雍正、乾隆年间刻立的平定朔

▲ 北京孔庙十三经石刻

漠、青海、准噶尔、两金川以及重修孔庙的御制碑。这些碑文记述了我国历史上，其中特别是清代发生的重大历史事件，很有价值。其次还有元、明、清进士题名碑。这些碑刻有近200座。其中，元碑3座，明碑77座，清碑118座。它们分别题写着元、明、清三代共5万多位进士的姓名、籍贯与名次。我国历史上的著名人物，如严嵩、刘墉、史可法、林则徐、李鸿章、张居正、于谦、徐光启、纪昀以及近代名人刘春霖、蔡元培、沈钧儒等人的姓名，均在其上。最后为十三经石刻。保存于北京孔庙和国子监间的夹道上的十三经石刻。刻在石上的儒家经典著作有《周礼》《周易》《诗经》《尚书》《尔雅》《礼记》《左传》《公羊传》《谷梁传》《论语》《孟子》《易经》《孝经》等。这十三经，是由雍正年间的金坛贡生蒋衡，用12年时间书写，于乾隆五十九年（1794年）刻制完成的。这是我国现存的唯一一部十三经石刻，价值极其珍贵。

　　清代各地的孔庙建筑几乎已成格局，一般由棂星门、泮池、大成殿、大成门、尊经阁组成中轴线，两厢配以联庑。大成殿前有宽广的月台，大成殿前檐柱多仿效曲阜孔庙，亦做成云龙石柱。此外，尚可增建各式牌坊、万仞宫墙、碑亭、照壁、仪门、乡贤祠等建筑。在此规制下，各地文庙多能建构出当地特色风格。

■ 建水孔庙

　　在我国明清时期，各省、县均设立有府学县学，均建孔庙作为行礼习仪的场所。建水虽为云南边陲之地，孔庙却依明清时的曲阜孔庙为典范建造。据《临安府学碑记》记载，云南临安府儒学始设于元。

明正统八年（1443年）知府徐文振欲大兴孔庙，次年明伦堂、四斋、成庙及两庑戟门、棂星门、杏坛、泮池皆依次而缮葺之，规模焕然一新。经明清两代五十余次增修扩建，占地面积已达110亩，其现存规模、建筑水平与保存完好程度均仅次于山东曲阜孔庙，在全国大型文庙中名列第二，为国家级文物保护单位。

据《建水州志》记载，在这边陲之地，一座建水孔庙，于建筑层面，将宋代以来建筑的主要发展趋势与规范制式完整地展示了出来。其中包括组群沿着轴线排列成若干院落，加深了纵深发展的程度；在主要建筑四周围以较为低矮的建筑，拥簇中央高耸的殿阁，成为一个整体；与纵深布局相结合，在主要殿堂的左右往往以挟屋与朵殿烘托中央主体建筑的重要性；组群中每座建筑物的位置、大小、高矮与平座、腰檐、屋顶等所组合的轮廓以及各部分的相互关系都经过精心处理，善用地形，富有园林意趣。

建水孔庙空间沿南北纵深排列。泮池区始于石木结构"太和元气"坊，终于泮池北岸的月牙台，中心是泮池。由于城内环境较为干枯，有泮池40余亩水面，顿增灵秀。泮池中央有小岛，上建一方攒尖的亭子。岛与岸间有堤相连。牌坊区共有牌坊七座，以"洙泗渊源"坊为主体，前有"礼门""义路"二坊，后有"道冠古今""德配天地""圣域由兹""贤观近仰"等四坊，作对称式布置，点明了建水孔庙的主题。两阁两祠区从棂星门到大成门之间，是由古树婆娑的甬道及"金声""玉振"两掖门所联系的空间。两阁分别为"文昌阁""魁星阁"（已毁），两祠分别为"名宦祠""乡贤祠"。棂星门为三开间，四棵中柱冲脊而出，柱顶套有雕龙青花陶瓷之罐一具，罐下有穿柱斜出的木饰。

▲ 云南建水孔庙

先师殿区是全孔庙的中心地带，由大成门而入，正面即为先师殿，有"东庑"与"西庑"两厢围绕中心庭院布置。先师殿是供奉孔子牌位的场所，在全庙建筑规格最高，面阔五间，进深三间，单檐歇山式顶，上铺黄琉璃瓦，前有檐廊，大多为明清时的普遍规制。前檐左右两根石制角柱，其上部雕有环绕盘旋龙腾祥云纹样，造型生动。先师殿前有宽广的石砌月台，四周护栏围绕，中置清乾隆五十八年铸造铜香炉一座。东西两庑，原绘有孔子七十二弟子画像，以为从祀。

崇圣祠区在先师殿的后面，为全庙的最后一个分区，系供奉孔子以上五世祖牌位的地方，为单檐歇山式建筑，面阔五间，进深三间，空间较先师殿小。祠的两侧有明伦堂与景贤祠。景贤祠又称为二贤祠。明洪武年间，山西著名学者王奎与韩宜可被贬谪至临安卫，在孔庙开办卫学，亲自执教讲学长达16年之久，为临安文教昌盛做出过很大贡献，临安人民为之建祠，以表崇敬。

■ 终南山老子祠

老子，姓李，名耳，字聃，是我国历史上伟大的哲学家、思想家，被道教尊为祖师，同时也是中国道家学派的创始人。唐乾封元年，唐高宗追号老子为"太上玄元皇帝"。老子还被认为是中国神话传说里的三清教主之一，被奉为"道德天尊"。

人们出于对老子的崇敬，在老子的诞生地、讲学地、游历地都建有祠庙，还在福建泉州清凉山将一天然巨石雕刻成了潇洒飘然、超然物外的老子坐像，表达了人们对这位世界伟人的景仰。

相传，老子将要出关西去，欲登昆仑山，守关的令尹喜通过占卜预知将会有神人经过此地，就命人清扫了40里道路迎接。果然，老子来了，之后老子被尹喜迎入草楼，写下了著名的《道德经》，并在楼南高岗筑台讲经，留下"楼观台"这一名称。

据说秦始皇十分推崇老子，敕命在传说当年老子讲经之处修建老子祠。老子祠前，至今仍存有一碑，其上镌刻着三字"上善池"，系元代大书法家赵孟頫亲书。在楼观台景区，现存上善池、百竹林、说经台、炼丹炉、吕祖洞、仰天池、栖真亭、化女泉、古塔、老子墓及宗圣宫、会灵观、玉真观、玉华观等遗址。

老子说经台位于陕西周至县终南山北麓楼观台内，相传当年老子在此处讲授过《道德经》。山门上可见"说经台"三字。说经台主要殿堂有老子祠、斗姆殿、救苦殿和灵官殿。老子祠里，先贤须发洁白，手执"如意"，神态安详，豁达睿智。配殿有太白殿和四圣殿。山门两侧有钟、鼓楼。山门前，有石阶盘道，蜿蜒而至台顶。山门西侧不

▲ 终南山老子祠

远处有一石砌泉池，名为"上善池"，内有一石雕龙头终年吐水不断。说经台南面峻峰上，有一座八卦形的炼丹炉，传为老子当年炼丹所用。台的东南方有一个"仰天池"，传为老子当年打铁淬火的水池。池的附近有老子修身养性的"栖真亭"。

据《史记·老子传》载："老子者，楚苦县厉乡曲仁里人也，姓李氏，名耳，字伯阳，谥号聃，周守藏室之吏也。"老子生活时代在春秋后期，年长于孔子。儒家始祖孔子曾数度问礼于老子。他是中国古代伟大的哲学家、思想家、道学家派的创始人，当代世界百位名人之一。

老子撰述的《道德经》开创了中国古代哲学思想的先河。他的哲学思想和由他创立的道家学派，不但对我国古代思想文化发展做出了重要贡献，而且也产生了深远影响。他的"清静无为"的学说、"一物两向"的辩证理论、深邃的"天人合一"的哲理，作为文化基因渗透到了人们的生存方式、生活方式与思维方式之中，影响着中国人的世界观、人生观、价值观、审美观、生死观等各种文化观念。《道德经》一书不仅影响了汉代以来中国2000多年的思想史，而且也受到西方思想家们的重视，已荣跃为"世界哲学宝典"。

■ 蒙城庄子祠

庄子，姓庄，名周，战国中期宋国蒙人，是我国著名的思想家、哲学家与文学家，也是道家学派的代表人物之一，老子哲学思想的继承者与发展者，先秦庄子学派的创始人。后世将他与老子并称为"老庄"，将他们的哲学也称为"老庄哲学"。他的代表作《庄子》被尊崇者演绎出了多种版本，其中的名篇有《逍遥游》《齐物论》等，均是家喻户晓的篇章。庄子主张"天人合一"与"清静无为"。

北宋元丰元年（1078年），蒙城（现安徽蒙城）县令王竞于涡河北漆园故址首建庄子祠。祠内主要建有逍遥堂、梦蝶楼、观鱼台等。王竞还特别请苏轼撰写了一篇《庄子祠堂记》。开篇曰："庄子，蒙人也，尝为蒙漆园吏。没千余岁而蒙未有祀之者。县令、秘书丞王竞始作祠，求文以为记。"工匠将此篇刻碑记立于庄子祠内。

北宋宣和元年（1119年），崇尚老庄、信奉道教的宋徽宗赵佶追封庄子为"微妙元通真君"，兴建宫观。宋徽宗自称"教主道君皇帝"。明朝天顺年间，庄子祠被黄河水淹没，明中都太守张登云来蒙视察，题有《游庄台》一诗，见庄子祠虽经宋、元、明三个朝代的岁月侵蚀，已颓残，但逍遥堂、庄台、苍松、翠竹、芳草依然，便引发了无限的感慨。

明朝万历七年（1579年），进士出身的蒙城知县吴一鸾，于蒙城东郊重建庄子宗祠。明宗伯汪镗撰《新建庄子祠记》，刻碑立于祠内。重建后的庄子祠规模宏大，颇为壮观。其中，逍遥堂三间，梦蝶楼三间，鱼池桥一座。逍遥堂居于祠的中央，堂中塑有庄子像，春秋祭祀。堂的两侧分别为梦蝶楼与观鱼池。祠前立有碑，其上镌刻有"庄周故里"四个大字。祠内苍松点翠，绿草含烟，堂宇亭池，清幽肃穆。古时的文人墨客游庄子祠之时多有题咏。

明朝崇祯五年（1632年），蒙城知县李时芳重修逍遥堂，辟池为"濠上观鱼园"，亲撰《新修庄子祠记》，增建五笑亭。清代至民国初期，在甬道两侧建有碑亭两座，立正方形碑柱两座，碑柱四面镶碑四块，刻前贤题咏和乡贤义行诗文。祠大门两侧有碑林，一字排列30余块。

▲ 蒙城庄子祠

此后，庄子祠历遭战乱，毁坏严重，仅余断碑残碣，渐颓毁。

1989年，全国首届庄子学术研讨会于庄周故里蒙城召开。会后，当地政府特邀张驭寰教授设计仿汉代建筑风格，重建庄子祠，恢复了庄子祠昔日的壮丽景观。其选址于涡河北。1995年重建庄子祠工程破土动工，恢复了昔日庄子祠内"逍遥堂""梦蝶楼""鱼池桥""观鱼台""五笑亭""道舍"等规制，增辟"濮池"为庄子隐钓濮水新景点，庄子祠以新的面貌重新屹立于庄周故里。

过影壁，仰观山门，有舒同题写的"庄子祠"匾额。水泥道路两侧植松柏，设花圃及草坪，风景典雅。三间山门的楹柱有中国楹联协会会长马萧萧题的楹联——"濠上观鱼非鱼非我，梦中化蝶亦蝶亦周"。山门内东西壁上悬挂有名人书写的庄子名篇《齐物论》《逍遥游》。穿过山门到五间逍遥堂前。逍遥堂东西壁上布有《庄子祠简介》、苏轼《庄子祠堂记》、王安石《题蒙城清燕堂》诗句及庄子的名篇《秋水》《庖丁解牛》等。堂前东西建两个月门，分为东、西两院。院中建"鱼池桥""五笑亭""濮池"等景观，堂后建有"藏经阁"、东西道舍等。逍遥堂中央置有用汉白玉雕刻的庄子像。堂柱上是冯友兰先生所题的对联——"造于逍遥论以齐物，超乎象外得其寰中"。楚图南先生在庄子像前侧柱上题一副对联——"涵虚入浑，治世无为"。

■ 解州关帝庙

关羽，字云长。东汉末从刘备起兵，并与刘备、张飞在桃园结义。后刘备败于曹操，关羽被俘后，虽颇受厚待，并封为汉寿亭侯，但仍归返刘备。建安十九年（214年）镇守荆州。建安二十四年（219年）

围攻曹操部将曹仁于樊城。后又大破于禁所率七军。以后荆州空虚，被孙权袭取荆州，遂兵败被俘遇害。其忠义操行被封建统治者所推崇，并加以神化，尊称其为"关帝"或"关公"。

关羽的故乡在今山西省运城市解州，古称解梁，坐落有全国现存最大的关羽庙，俗称"解州关帝庙"，是全国重点文物保护单位。

解州关帝庙是按天子宫殿规格建造的，为三朝五门制度，廊院形式、龙壁、角楼、龙柱等都是帝王建筑规格。庙中又采用了一系列牌坊，以烘托祠祭气氛。春秋楼的设置也是模仿孔庙的尊经阁形制。在这座庙宇中融会了各类建筑中表示尊贵的手法，以达到"帝君"祠庙的建筑要求。

解州关帝庙创建于隋开皇九年（589年），宋朝大中祥符七年（1014年）重建，嗣后屡毁屡建。现存建筑为清康熙四十一年（1702年）大火之后，历时十载重建的。庙以东西街道为界，分为南北两大部分，总占地面积6.66万余平方米。全庙共有殿宇百余间，主次分明，布局严谨。

街南，又称为结义园，由结义坊、君子亭、三义阁、莲花池、假山等组成。结义碑白描阴刻人物，刻技颇高，系乾隆二十八年言如泗主持刻建的。街北是正庙，坐北朝南，仿宫殿式布局，占地面积1.86万平方米，分为东、中、西三院。中院是主体，南北主轴线上又分前院与后宫两部分。前院依次是照壁、端门、雉门、午门、出海钟灵坊、御书楼和崇宁殿，两侧是钟楼、鼓楼、大义参天坊、精忠贯日坊、追风伯祠。后宫以气肃千秋坊、春秋楼为中心，左右有刀楼、印楼对称而立。

东院有崇圣祠、三清殿、祝公祠、葆元宫、飨圣宫和东花园。西院有长寿宫、永寿宫、余庆宫、歆圣宫、道正司、汇善司和西花园，以及前庭的万代瞻仰坊、威震华夏坊。

从义勇门或忠武门入中院前庭，便可看到坐北朝南的端门，又称山门，门洞上方分别书有"精忠贯日""大义参天"。端门北面东西有钟鼓楼巍巍耸立，迎面是三座高大的单檐歇山顶庙门。中门是专供帝王进出的门，叫"雉门"，是一座双昂卷棚歇山顶建筑。雉门背后的台阶上是戏台，铺上台板即可演戏。东面的为"文经门"，西侧的是"武纬门"。

再向北是午门，面阔五间，单檐庑殿顶。周围有石栏杆，栏板正反两面浮雕各类图案、人物144幅。厅内南有周仓、廖化画像，轩昂威武；北面左右两侧，彩绘着关羽戎马一生的主要经历。穿过午门，经山海钟灵坊、御书楼，便是关帝庙主体建筑——崇宁殿了。

北宋崇宁三年（1104年），徽宗赵佶封关羽为"崇宁真君"，故名"崇宁殿"。殿前配以石华表一对，铁旗杆一双，焚表塔两座，月台宽敞，勾栏曲折。殿面阔七间，进深六间，琉璃瓦重檐歇山顶，檐下施双昂五踩斗拱，额枋雕刻富丽。殿周回廊置雕龙石柱二十六根，蟠龙姿态各异。下施栏杆石柱52根，砌栏板50块，刻浮雕200方。

大殿明间悬横匾"神勇"二字，是乾隆帝手书；檐下有"万世人极"匾，为咸丰皇帝所写。下列青龙偃月刀三把，门口还有铜香案一座，铁鹤一双，以示威严。殿内木雕神龛内塑有着帝王装的关羽坐像，神态端庄肃穆。龛外雕梁画栋，仪仗倚列，木雕云龙金柱，自下盘绕至顶。龛上有康熙手书"义炳乾坤"横匾一方。穿崇宁殿而出，入后宫南门，

▲ 解州关帝庙

进入寝宫院。过花圃有"气肃千秋"坊，是中轴线上最高大的木牌坊。东侧有印楼，里边放着"汉寿亭侯"玉印模型；西侧是刀楼，里面列青龙偃月刀模型。双楼对峙，系方形三层"十"字歇山顶建筑。后宫后部，是关帝庙扛鼎之作的春秋楼，楼内有关羽读《春秋》像。此楼创建于明万历年间，现存建筑为清同治九年（1870年）重修。宽七间，进深六间，二层三檐琉璃瓦歇山顶。上下两层皆施回廊，四周勾栏相依。关帝庙除古建筑外，还有琉璃影壁、石头牌坊、万斤铜钟、铁铸香炉、石雕饰品、木刻器具以及各代石刻23块，各朝题诗题匾60余幅。

历代皇帝为了巩固自己的统治地位，便把关羽当作"忠义"的化身，逐渐抬高了关羽的地位。陈、隋年间，佛教徒假以关羽显灵之名，在当阳首建关庙。唐建中三年（782年），关羽被列为古今六十四位名将之一，被请"进武庙"，配享姜太公。到了宋朝，"默默无闻"了800

年的关羽，被宋徽宗连升三级：初封"忠惠公"，再封"崇宁真君"，后封"昭烈武安王""义勇武安王"。元文宗封关羽为"壮缪义勇武安显灵英济王"。后来，明神宗封他为"三界伏魔大帝、神威远震天尊关圣帝君"，把关羽庙升格为"武庙"，与文庙并列。清代皇帝标榜关羽为"万世人极"，封了他冗长的名号"忠义神武灵佑仁勇威显护国保民精诚绥靖翊赞宣德关圣大帝"，还在北京修建了关帝庙，并通令全国，大兴关庙，并按时奉祀香火。武圣关帝庙数量之多，远远超过了文圣孔庙。

关羽的"忠贯日月"和"义薄云天"，适应统治层面和市民社会，或者谓之"正统社会"与"江湖社会"的双重要求；关羽以一身而系儒、道、释三教之崇。佛教尊关羽为护守佛法的伽蓝神，道教尊关羽为雷首山老龙，颇多神迹。而给予关羽崇拜价值体系最大和最终影响的，仍然是儒家的伦理道德信仰。

由于关羽被封为帝王，解州关帝庙的布局便采用了皇宫前廷后寝的布局模式，在全国各地的关帝庙中尤为少见。崇宁殿的特殊之处，为它的下层回廊上使用了26根盘龙石柱，这在全国的关帝庙中很少见。春秋楼建筑的重要特色是悬柱挑梁、二层回廊悬空。春秋楼的上层，共有檐柱26根，承托着屋檐的全部重量；它们的下端却被雕刻成莲花瓣形，高悬空中，成了二层平座的垂莲柱。屋檐与这26根檐柱的全部重量，由楼板下伸出的横梁挑承，通过横梁传递到下层的檐柱和金柱上，仰视春秋楼的上层，好似浮于空中。这种形式，在我国现存的大型古建筑物中极为罕见。

衢州孔庙孔子与亓官夫人像的传说

关于楷木像的雕刻有两种说法,一说为孔子之孙子思雕刻,二说是孔子的弟子子贡所刻。关于子贡的雕刻传说感人至深。

相传,孔子去世之后,弟子们悲痛万分,于孔子的坟茔前守墓三年,才依依不舍,纷纷挥泪惜别。但是,子贡仍然不肯离去,他在孔子墓前搭起了茅屋,继续守墓三年。在这期间,子贡常常回忆恩师生前的言行笑貌,于是砍来楷木,心追手摹,雕刻出了孔子与亓官夫人的像。

第二节　诗家、书家祠

■ 韩城司马迁祠

司马迁，字子长，西汉龙门夏阳（今陕西韩城）人，是我国汉代著名的史学家、文学家与思想家，著名史学家司马谈之子。天汉二年（前99年），名将李陵投降匈奴，司马迁为李陵求情，激怒了汉武帝。遂被下狱，行宫刑。出狱后任中书令，勤奋写作，完成了父亲的遗愿，著就了我国第一部纪传体通史——《史记》，此书对后世的史学与文学创作产生了巨大而深远的影响。

韩城司马迁祠位于陕西省韩城市芝川镇龙亭原半山上，东面黄河，南临深沟，北有峭壁，西枕梁山，芝水、澽水从旁而过，气势恢宏磅礴。这是一组后人为纪念与祭祀司马迁而修建的古代祠堂建筑群。

韩城司马迁祠，初建于西晋永嘉三年（309年）。北宋时期，又曾多次重修。之后不断加以修缮增建，使韩城司马迁祠的各类建筑得以比较完整地保存了下来。

司马迁祠坐西朝东，顺着山势分四层而建，层层升高。各层之间以石阶相接，错落有致，布局井然。祠的第一层修建在梁山的第一层台地上，有木牌坊一座，上书"高山仰止"四个大字。第二层修建在

▲ 韩城司马迁祠

梁山的第二层台地上，原有砖砌山门一座，上书"龙门才子故里"六字。现建筑已毁，仅留遗址。第三层修建在梁山的第三层台地上，有砖砌的牌坊一座，上书"河山之阳"四字。第四层建筑是全祠最高，也是最为重要的一组建筑，有献殿、寝殿和墓冢等。寝殿是司马迁祠的中心建筑。在殿内高台上，有一尊司马迁的塑像。只见司马迁身着红袍，头顶高髻，目视前方，正气凛然。墓冢位居寝殿之后，是一座不高的圆筒形衣冠冢。墓前有清代乾隆年间的大学士毕沅题写的石碑"汉太史公墓"。墓周的砖墙，系元仁宗延祐元年增建的，感谢司马迁把草原民族的史实写进了正史。砖上刻有八卦图案。墓顶上有古柏五棵，苍劲虬枝。

在司马迁祠的周围，还筑有一圈带有垛口的围墙。远远望去，整座司马迁祠就像一座城堡，古老而又美丽。

在司马迁祠内，至今仍保存有宋、金、元、明、清的石碑60余座，分别记述了司马迁的生平与其家族的事迹、对司马迁的赞颂、司马迁祠与司马迁墓的修建历史，还有情深意切的祭文，都具有较高历史价值。

司马迁祠依山挺立在黄河之滨，确有高山仰止、民族脊梁的气势与古韵。一个将荣辱艰险置之度外的文学家，引经据典评述千古兴亡、功过是非，其人、其书成为千古楷模，也体现了我国人民对经典与智慧的重视及尊崇。

绍兴王右军祠

王羲之，字逸少，西晋琅邪临沂（今山东临沂市）人。东晋时期我国著名书法家，被世人称为"书圣"。他自幼酷爱书法，其书法博采众长，推陈出新，自成一体。其字更有"飘若流云，矫若惊龙"的盛赞。唐太宗在重修的《晋书》中，对王羲之的书法评价甚高，极言"尽善尽美"。王羲之的代表作《兰亭集序》被誉为"天下第一行书"。在书法史上，他与其子王献之并称为"二王"。王羲之酷爱山水，寄情草木。其虽然先后担任过秘书郎、右军将军、会稽内史等职务，最后却称病辞官，定居于会稽山下的绍兴，死后葬于嵊县金庭（今属浙江嵊州市）。

右军，是王羲之的官名。王右军祠，就是王羲之祠，该祠位于浙江省绍兴市兰渚山下兰亭景区之内，是祭祀王羲之的古代宗祠建筑群。千百年来，人们将王右军祠与它所在的兰亭称为我国的书法圣地，其名声远播。

他的儿子、孙子一直都将他的《兰亭集序》保存了下来。其第七代孙和尚智永还将《兰亭集序》带到寺庙中。唐太宗非常尊重王羲之，更喜爱他的书法真迹。当他得知《兰亭集序》在智永手中的消息后，指派一位和尚，从智永那里偷得《兰亭集序》。唐太宗临终之际，诏令将《兰亭集序》葬入昭陵。时至今日，王羲之的《兰亭集序》真迹仍然藏于唐太宗的昭陵之中。

王羲之因《兰亭集序》而受到后人的尊崇备至，人们因此而在绍兴兰亭兴修了王右军祠。据记载，现存的王右军祠与它附近的鹅池碑亭、兰亭碑亭、流觞亭等，重建于明嘉靖二十七年（1548年）。清代又经过数次整修，并增设了御碑亭等重要建筑。

绍兴王右军祠四面环水，由大门、墨华亭、正殿和回廊组成。大门位居祠前。门上悬挂着灯笼和"王右军祠"横匾。大门之内，有一个长方形的水池，人称墨池。池的两侧建有回廊。廊壁上镶嵌着历代书法家临摹的王羲之《兰亭集序》刻石。池中有一个方形石台，有石桥与大门和正殿相通。台上建有墨华亭，翘角飞檐，亭内摆有几案。我国的许多重要领导人和当代名士，都曾在这里留下过他们的手迹。

正殿位于全祠的最后。殿前，有一副当代书法家沙孟海写的对联："毕生寄迹在山水，列坐放言无古今"。在殿内正中，悬挂着王羲之的全身画像。殿内还陈列着唐、宋、元、明、清书法家书写的王羲之《兰亭集序》临摹本。唐代冯承素的临摹本最接近王羲之的真迹，陈列于橱柜中。流觞亭位于兰亭景区的中心，处于王右军祠的西侧。亭周建有回廊。亭上悬挂着"流觞亭"大匾，亭前有弯曲的水溪，长达30余米。是当年王羲之和他的41位朋友举行流觞活动的地点。

兰亭碑亭位于流觞亭东，亭内立有一块石碑，上书"兰亭"二字，为清代康熙皇帝的手笔，被称为"君民碑"。鹅池碑亭"鹅"字为王羲之所写，笔体较

▲ 绍兴王右军祠

瘦；"池"字为其子王献之的手笔，字体较粗。父子二人的字迹同在一座碑上，因此人们将此碑称作"父子碑"。御碑亭位于王右军祠的后方，是一座清代修建的碑亭，重檐，八角攒尖顶。亭中立有一块大石碑，正面刻有康熙书写的《兰亭集序》。碑的背面，刻有乾隆的题诗《兰亭即事》。人们将这块碑称为"祖孙碑"。祖孙碑、父子碑、君民碑，被称为"兰亭三绝"。从皇帝到庶人，有多少代文人墨客孜孜不倦地争相传抄王羲之的《兰亭集序》，其在后世的影响极为深远。

■ 马鞍山青莲祠

李白，字太白，号青莲居士，又号谪仙人。他是我国唐代伟大的浪漫主义诗人，被誉为"诗仙"。他留给后世的诗作有900多首，这些熠熠生辉的诗作，表现了他一生跌宕起伏的心路历程，是盛唐社会现实与精神生活面貌的真实写照，艺术成就极高。作为一位浪漫主义诗人，李白运用一切浪漫主义的手法，使诗歌的内容与形式达到了完美统一。浪漫主义在反映客观现实上侧重于从主观内心世界出发，抒发自己对理想世界的热烈追求，经常使用热情奔放的语言、瑰丽的想象与夸张的手法来塑造诗歌中的形象，自我表现的主观抒情色彩极为浓烈。

青莲祠，全称唐李公青莲祠，又称谪仙楼、太白楼，位于安徽省马鞍山市翠螺山采石矶南坡下。采石矶濒临长江，山势险峻，自古以来都是兵家必争的交通要道。李白晚年寓居于采石矶附近的当涂县，《夜泊牛渚矶怀古》《牛渚矶》《慈姥竹》《望夫山》等名篇就是他在这里写下的。李白在当涂病逝后安葬不久，人们便在采石矶为他修建了这座青莲祠。

据《太平府志》记载，采石矶青莲祠初建于唐元和年间，宋代天圣年间重修。元、明、清三代屡毁屡建。清雍正八年（1730年）重修，并将其更名为太白楼，也称唐李公青莲祠。光绪三年（1877年）重建，此后又不断维修，方有了今天的规模与面貌。

马鞍山青莲祠顺山就势而建，由一楼两院组成。一楼是位于前后两院之间的主楼，两院是指前后两个相隔而又互相连接的院落。

主楼是一座构筑精巧、装饰绚丽的古代木结构楼阁式建筑物，高三层，重檐歇山式屋顶。在第三层的屋檐下悬有"太白楼"匾。一层摆放着一面屏风，绘有李白畅游采石矶的图画。在二、三层楼内，有李白立式和卧式的黄杨木雕像各一尊。墙上悬挂着宋朝人王端绘制的人物画、清朝人郑板桥绘制的墨竹图等。楼内陈列着李白诗作的各种版本与有关文物。在采石矶的悬崖上有一块凸出的石头，人称"捉月台"，也叫"联璧台、舍身崖"。传说是李白酒醉之后跳江捉月的地方。

由于地势高矮不同，后院的正房地面略低于主楼的二楼。它通过游廊和洞门，与主楼二层的回廊相连，构成了一个封闭式的院落。整个青莲祠的布局高低错落，层次丰富，严谨而又富于变化。前后三进，左右回廊，主楼三层，九

▲ 太白堂

脊歇山黄瓦盖顶，翼角翠飞，碧枋丹楹，富丽堂皇。大门是一座单檐歇山式的建筑物，设有拱门三座。在中拱门的上方悬有"唐李公青莲祠"匾。门前两侧置石狮一对，两侧的墙壁上镶嵌有李白生平的碑刻和《重修太白楼碑记》。

■ 江油太白祠

江油太白祠位于四川省江油市青莲场外，是李白少年时期的居住地，也是我国现存祭祀唐代大诗人李白的一处重要宗祠。

江油太白祠是一座红墙大院，现存院落两个、大殿三座，重建于清乾隆四十二年（1777年）。正殿左右两侧各有古碑一座。一座为《怀李太白》诗碑，刻立于清代嘉庆八年，诗文由当时的彰明县令张洪轩撰写；另一座刻有《过彰明漫坡渡谒李太自七古》，诗文为当时四川道台兼龙安府事赵金笏所写，立于清嘉庆十八年（1813年）。

李白故宅又称为"陇西院"，与太白祠相距不远。清乾隆五十三年（1788年）重建。内设的仓颉殿、太白殿、文昌殿、地母殿等，是光绪二十二年（1896年）增建的。在照壁上，用瓷砖镶嵌有"陇西院"三个大字。故宅内还有一座《唐李先生彰明旧

宅碑》，是宋淳化五年（994年）的遗迹。李白衣冠冢位于江油市青莲场的名贤祠内，建于清同治八年（1869年），系时任县令何恺堂主持修建的。

■ 成都杜甫草堂

杜甫，字子美，自号少陵野老，别称"杜少陵""杜工部"。是我国唐代伟大的现实主义诗人，与李白并称为"李杜"。杜甫原籍襄阳，生于河南巩县南窑湾，少年应进士举不第，天宝年间客居长安，肃宗时期曾任左拾遗，后入蜀，任西川节度参谋、检校工部员外郎。在成都先后居住了近4年时间，写有诗歌270余篇，其中就包括家喻户晓的名篇——《茅屋为秋风所破歌》。现成都西郊的杜甫草堂就是他于唐乾元二年流寓成都时在浣花溪边所筑的茅屋旧址。

成都杜甫草堂，又称"少陵草堂"，位于四川省成都市浣花溪畔，是全国各地，包括河南巩义，陕西西安、延安以及甘肃天水、成县等地所建杜公祠或杜甫草堂中规模最大、布局最为精美、保存最为完整的一处，是全国第一批重点文物保护单位。当杜甫离开成都之后，草堂日渐残破。唐天复二年（公元902年），诗人韦庄主持重建了成都杜甫草堂。宋元丰年间，成都知府吕大防再度重修杜甫草堂，并且增设了杜公祠。元、明、清三代，对成都杜甫草堂的改建或重修，竟达13次之多，其中以明弘治十三年（1500年）、清嘉庆十六年（1811年）修建的规模为最大，奠定了如今成都杜甫草堂的基本格局。

杜甫草堂优美的自然环境、独特的人文历史与具备园林特色的宗祠，都显露出了深厚的文化艺术气质。流芳百世的绝妙诗篇，忧国忧民的诗人情怀，及其坎坷的经历都赋予了成都杜甫草堂一种独特的人文气息。

成都杜甫草堂占地300余亩。主要建筑由前至后为大廨、诗史堂、柴门、工部祠等。园中翠竹千竿，小桥亭榭，风光无处不在。

▲ 成都杜甫草堂

草堂内，除了有占地面积较大的荷花池、竹林、楠木林和梅林之外，还有根据杜甫当年居住的遗迹兴修的纪念性建筑，如诗史堂东侧的花径、西侧的水槛、后面的柴门与恰受航轩等。大廨位于草堂大门之后，是一座通堂式的敞厅建筑。堂内有一架楠木屏风，一面刻写有杜甫的生平，另一面则绘有杜甫草堂图。

杜甫草堂的主体建筑是诗史堂，即杜甫的享堂。堂的中央有一座古铜色的杜甫塑像，并有多位名人题词——朱德元帅的题词为"草堂留后世，诗圣著千秋"，郭沫若的题词为"世上疮痍、笔底波澜，民间疾苦、诗中圣贤"，陈毅元帅书写的杜甫诗句"新松恨不高千尺，恶竹应须斩万竿"等等。在诗史堂左右两侧的陈列室中，悬挂有徐悲鸿、齐白石、陈半丁、吴作人、陈之佛、潘天寿、于非闇、傅抱石等当代著名画家所作的杜甫诗意画，以及当代著名书法家沈尹默、谢无量等所书的杜诗书法作品。

工部祠在诗史堂和柴门之后，是草堂中最后的一处重要建筑。在工部祠内,有杜甫的彩色泥塑像与石刻像。在杜甫塑像的两侧,有宋代大诗人黄庭坚和陆游的彩色泥塑像与石刻像。将陆游陪祀杜甫,始于清嘉庆十七年(1812年);将黄庭坚陪祀杜甫,始于光绪十年(1884年)。此二人在诗歌创作上均颇受杜甫诗作的影响,陆游创立了剑南诗派,黄庭坚创立了江西诗派。"自许诗成风雨惊,将平生硬语愁吟,开得宋贤两派;莫言地僻经过少,看今日寒泉配食,远同吴郡三高"。由清人王闿运撰、当代著名作家老舍书写的这副对联,悬挂在工部祠门前柱上,精辟地描述了他们三人之间的关系。

工部祠的东侧有一座碑亭,屋面上盖着茅草,亭的中央立有一座石碑,上书"少陵草堂"四字,为清代雍正十二年(1734年)由雍正皇帝之弟果亲王书写的。在工部祠前的东侧有草堂书屋,屋内陈列有历代杜诗的各种木刻本、手抄本与铅印本,以及英、法、德、俄、日、越南、意大利等15种外文译本。

■ 岭南惠州苏轼祠

苏轼,字子瞻,又字"和仲",号"东坡居士",世称"苏东坡",四川眉山县人,是我国北宋时期著名文学家、书法家与画家。北宋政坛波诡云谲,苏轼既开罪于新党王安石,又遭旧党司马光排挤,仕途生涯极其坎坷。他从端明殿学士兼

▲ 苏轼像

翰林侍读学士、礼部尚书等高位上一再被贬，任杭州通判。晚年受党争所累，被远贬于惠州。宋徽宗登基后大赦天下，苏轼北返时在常州逝世，谥号"文忠"。苏东坡是中国文学史上的巨匠，著述有《东坡集》《东坡后集》《书传》《论语说》，书法《前赤壁赋》，山水画《枯木怪石图》等传世。在书法、绘画、饮食、医药、养生、禅学等方面也取得了举世惊叹的成就。他的思想出入儒道，杂染佛禅，既能关注朝政民生，保持独立的见解，又能随缘自适，达观处世。无论是在宏博通达的学识才华上，还是在超然自处的人生态度上，都成为后世景仰的楷模。

苏轼寓居惠州3年有余，豪迈旷达的天性使他曾表达"九死南荒吾不恨"的决心与"不辞长作岭南人"的心愿，并资助修建了惠州西湖，与杭州西湖、颍州西湖并称，形成了"半城山色半城湖"的秀丽美景，被世人戏称为"谪官湖"，从此也才有了"一自坡公谪南海，天下不敢小惠州"的名句。苏东坡在惠州请建军营，请准改赋税，并亲自参与引涧水入城工程，教当地人使用"秧马""水碓"等农业先进技术等诸多利民之事，至于施医赠药、资建东新、西新二桥之类好事则举不胜举。在饮食方面，受"美食家"的影响，惠州酿酒业源远流长，惠州茶艺长盛不衰。因其千古佳句做媒，千百年来，国内外慕名前来品尝惠州荔枝的人络绎不绝。苏东坡在当地所行之善事对民俗、民风的影响都极为深远。

惠州东坡故居位于白鹤峰，元符三年（1100年），苏家举家离开以后，惠州人民便将其改建成了东坡祠，后毁于抗战期间。罗浮山上现有于1990年重修的东坡亭，其形制简单，四面绿树环绕，风起时令人肺腑沁凉。东坡亭的位置为"东坡山房"旧址，苏东坡曾在此开垦药圃，并以人参、地黄等中草药为题，写有《小圃五咏》，还为他崇拜的葛洪题写了"稚川丹灶"四字。

■ 岷江眉山三苏祠

位于四川省眉山县岷江西岸的三苏祠是全国闻名的一座古老宗祠。文献记载，唐中宗神龙元年，苏家的祖先因故被贬入蜀，任眉州刺史。三苏祠这里，就是苏家的故宅，占地面积为5.2万余平方米。三苏祠纪念的是北宋时期著名文学家苏洵、苏轼、苏辙父子三人。在流传千古的唐宋八大家中，苏家父子就占了三席，此三人对北宋代新古文运动的发展做出了重大贡献，在我国文学史上占有重要地位。而苏洵之子、苏辙之兄苏轼却是"三苏"当中成就最大、影响最为深远的一位文学大家。

岷江眉山三苏祠始建于明初年间，清康熙、同治与光绪三代皆有重建或增修。经数百年的修葺，整个宗祠红墙环抱，绿水环绕，古木扶疏，翠竹掩映，形成三苏祠"三分水二分竹"的特色，保留了清代四川传统园林自然、古朴、典雅的特点。

岷江眉山三苏祠在建筑与布局上，将宗祠建筑及园林建筑巧妙地融合在了一起，既有庄严肃穆的气魄，又有生动活泼的园林特征。该家祠分为祠馆区、池塘区与园景区三大部分。祠馆周围三面环水，右边瑞莲湖水面宽阔，池塘四周有云屿楼、披风榭；在水中建有抱月亭、瑞莲亭；两翼有小桥跨越水面与两岸相接，岸边有碑廊，廊内立有石碑数十通，其中苏轼手书的《马券碑》《乳母碑》与《柳州碑》都极为珍贵。

岷江眉山三苏祠的主体建筑有大门、大殿、启贤堂、木假山等，依次安排在由莲池南岩伸出的半岛上。大门位于三苏祠南侧偏东处，红柱灰瓦，造型古朴。门上悬挂有清代著名书法家何绍基题写的"三苏祠"匾。门柱两侧悬挂有对联"北宋高文名父子，南州胜迹古宗祠"。

三苏祠的大殿又称"正殿"，殿内悬挂有三块横匾，它们分别是"是父是子""文峰鼎峙""文章气节"。殿门两侧挂有一副对联："一门父子三词客，千古文章四大家"。殿内正中高悬"养气"匾，匾下供奉有苏洵、苏轼与苏辙的塑像。苏洵须发飘洒，容面安详；苏轼神态潇洒，镇定自若；苏辙风度翩翩，英俊少年。殿内陈列有明代仇英的《东坡笠屐图》，清代眉州直牧冯会的《三苏图》，以及何绍基、石涛、张大千等当代名家的字画。启贤堂位于正殿之后，堂门之上悬挂有"文献一家"匾，堂内陈列有各种版本的苏氏父子诗文集、书法手迹，以及有关的字画。

木假山堂内陈列有一个状似"山"字形的老树根，是苏洵从一位老人手中买来的，寓意他们父子三人均能中第，被视为家中之宝。当父子三人均中进士之后，木假山身价倍增。苏洵

▲ 三苏祠

在宋都汴梁做官之时，派人将木假山运至开封。现在，木假山已成了三苏祠中的一件珍贵文物。

洗砚池是一个八角形的小池，池水呈墨绿色。据传说，苏氏父子曾在这里勤奋苦读，写诗、作文、绘画，然后在池中洗刷笔砚。

三苏祠内的重要碑亭有三座，其中两座在正殿前的东西两侧。在东侧碑亭内，保存着三苏记祀碑。在西侧的碑亭内，保存着苏东坡的书法手迹。第三座碑亭，建于瑞莲池和洗砚池之间，亭内保存有宋代李伯时绘制、黄庭坚题写跋文的《东坡盘陀画像碑》，以及《丰乐亭记》《醉翁亭记》《表忠观碑》《罗池庙碑》等四大名碑的金石或拓片。这四大名碑集中体现了苏东坡的书法特点，十分珍贵。

苏东坡石刻像，表现了苏东坡潇洒儒雅而又狂放不羁的性格。

■ 九江陶靖节祠

陶渊明，东晋浔阳柴桑（今江西九江西南）人，是我国东晋时期伟大的诗人、辞赋家，曾任彭泽县令等职。他的诗歌明快清丽，开创了我国古代田园诗派诗歌之先河。后人将他的著作编成《陶渊明集》，其中有诗歌130余首。他去世后，人们先后在

▲ 九江陶靖节祠

其故乡与为官之地建祠立庙。九江陶靖节祠就是其中最具代表性的一座。"靖节"是陶渊明的谥号。靖节祠初建于明嘉靖十二年（1533年），后又经数次大修。1982年，今人在原址按原貌重建。

陶靖节祠位于江西省九江县沙河镇蔡家洼，系具有浓郁的江南民居建筑风格的古代宗祠建筑。坐西北面向东南，占地面积约250平方米。全祠为砖木结构建筑，由正堂、前室与两侧的厢房构成。正堂中置陶渊明塑像，头裹布巾，手持书卷，面容庄严。祠内天井内种有菊花，祠外溪畔辟有菊圃与柳巷，再现了陶渊明"采菊东篱下，悠然见南山"的田园生活景象。在陶靖节祠的一侧，建有陶渊明纪念馆。馆内陈列有《陶渊明集》的历代版本、陶渊明大事年表、陶学研究著作及书画作品等。

■ 潮州韩文公祠

韩愈，字退之，世称"韩文公""韩昌黎""昌黎先生"，是我国唐代著名的文学家、思想家、政治家，河南河阳（今河南孟州）人。他幼年之时父母双亡，由其兄嫂抚养长大。后来兄长死于贬谪之地，仅靠着嫂嫂教养成人、出仕，以过人的文才闻名于世。唐贞元八年（792年）举进士，先后任宣武、宁武节度使判官、监察御史，后被贬为阳山县令。唐宪宗时，韩愈先后任国子学博士、刑部侍郎。元和十四年（819年），韩愈被贬为潮州刺史。以后，韩愈又先后任袁州刺史、国子监祭酒、吏部侍郎兼行京兆尹之职。韩愈死后葬于怀州修武，谥号文，有《昌黎先生集》传世。在文学上，韩愈与柳宗元一起倡导过古文运动，成为"唐宋八大家"之首，深受世人的赞扬与尊崇。

韩愈生性耿直，不畏权势，敢于犯颜直谏，因此屡遭贬谪。韩愈曾三次南下广东，第一次系年幼时随贬任韶州刺史的兄长韩会而来。第二次是贞元十九年（803年），身为监察御史的韩愈因得罪权贵而被贬为阳山县令。被贬至阳山的韩愈在当地整饬吏治，传德礼，兴教化，移风易俗，并颇有成效，因而在当地形成了一帮"韩门弟子"。第三次是元和十四年（819年），韩愈因上《谏迎佛骨表》而触怒唐宪宗，遂被贬至潮州。韩愈对潮州的最大贡献是"传道起文"，将中原先进文化引进岭南，使潮汕文风兴盛，贤才辈出。韩愈因而被潮人奉为神明，历代传颂，笔架山也因此改称"韩山"，山下的鳄溪改为韩江，连韩愈手植的橡木都被尊为"韩木"，这些均使潮州出现了"一片江山尽姓韩"的人文奇观。

如今的韩愈纪念馆，即韩文公祠，始建于宋真宗咸平年间，南宋淳熙十六年（1189年）由潮州知军州事丁允元主持重建。元、明时期，潮州韩文公祠被大修或重建多达20余次。清康熙十九年（1680年）与光绪十四年（1888年）两次重建。韩文公祠位于广东省潮州市韩江南岸笔架山山麓，系为纪念唐代大文学家韩愈而建，是一组面积不大但古朴典雅的古代宗祠建筑群。韩愈去世后，他的故乡河南孟州以及他曾经做官的地方，均曾先后为其建祠立庙。而潮州韩文公祠，是最有代表性的一座。

2006年，韩文公祠被划入全国重点文物保护单位。韩文公祠建于韩山的半山腰，主体建筑利用山坡的自然高度，建成五十一级台阶，让参拜者仰视宗祠，攀登到一定高度才能看见"韩文公之祠"的门额、韩愈像，感觉到韩文公祠建筑的雄伟与宏大。韩文公祠平面结构简单，由于巧妙地利用了山地的险要，获得了不寻常的视觉效果，构成了令瞻仰者肃然起敬的仰视角度。

韩文公祠被磨砖墙围绕，依山傍水，环境清幽，肃穆庄严。面宽约18米，祠门上有石匾古隶书"韩文公之祠"，共分前后两进，左右两边各有廊庑。头进是门厅，后进是三间大堂，共深约31米。硬山顶抬梁式木结构，斗拱上有各式各样的木雕装饰，最为突出的是支撑梁架的石柱接触点的地方都由一个木雕的龙作为装饰，增强了宗祠建筑的艺术性。屋脊上是灰塑的竹梅图案，寓意韩愈清正廉洁。屋脊两端为镬耳形状，上面有灰塑的动物，花草图案。祠内采用花岗岩石柱作为支撑柱，防水防潮，坚固耐用，并在部分石柱上雕刻有对联。

正殿左侧有碑刻"功不在禹下"，这本是韩愈称赞孟子传播儒家思想功绩的话，后人反被引来赞颂韩愈。祠内前后二进梁柱，悬挂着修韩文公祠所题写的匾额。后堂中央塑韩愈像，在韩愈塑像的两侧还有韩愈的侄孙、传说中"八仙"之一的韩湘子、唐潮州籍进士赵德、唐潮州知军州事丁允元、宋潮州通判陈尧佐、清潮州知府龙为霖等人的塑像。

磴道上迎面耸立的是"韩文公祠"坊，坊后的甬道是百米碑廊，为现代名人评价韩愈的书法碑刻。祠内环壁保存历代碑刻，记述了韩文公祠的历史及颂扬韩文公的诗文,其中"传道起文"的碑刻因字形特殊,有多种读法,有趣至极。后山腰为侍郎阁,阁前有韩愈石雕头像,阁内为韩愈生平展览馆。

在祠内,还有古代石碑36座。其中,以宋代大文豪苏东坡的《潮州昌黎伯韩文公庙碑》最为珍贵。苏东坡在碑文中评价称"匹夫而为百世师,一言而为天下法。是皆有以参天地之化、关盛衰之运""文起八代之衰,而道济天下之溺;忠犯人主之怒,而勇夺三军之帅",深刻地道出了出韩愈的风骨。

当年韩愈赴潮州,马过秦岭时曾留下过"知汝远来当有意,好收吾骨瘴江边"的悲凉诗句,然而其仙逝之后却成为百代景仰的文化神明,使潮州至宋朝获得了"海滨邹鲁"的美誉,他耿直豁达的品格、传道起文的精神流传千古、泽被后世。

■ 柳州柳侯祠

柳宗元,字子厚,河东(现山西运城永济一带)人,故人称柳河东,是我国中唐时期著名政治家、文学家和诗人。文与韩愈齐名,为"唐宋八大家"之一。二十一岁与刘禹锡同科中进士,三十一岁与韩愈一起为官,先后任监察御史、礼部员外郎。后被贬为永州司马,再贬为柳州刺史,在柳州释奴、挖井、种树、讲学、整修城墙、制造船只,后病逝于柳州。

柳宗元的"九赋十骚",表达了对于农民疾苦的关怀;哲学论著《封建论》《非(国语)》《天对》《六逆论》等著名作品,反对天符、天命、天道诸说,也批判了神学。柳州人民在柳宗元逝世的第二年,在罗池边为他建了衣冠冢，后又建罗池庙，以追慕其功绩。因宋徽宗追封他为文惠侯，罗池庙遂改名为"柳侯祠"。现存的柳侯祠系清康熙四年（1665年）重建的，历代都有修缮。

▲ 柳州柳侯祠

柳侯祠占地约2000平方米。分大门、中堂、后殿三进，均为三开间砖木结构，硬山小青瓦顶；前后两个小院里竹柏翠郁，绿草如茵。整组建筑显得古朴雅致，气宇轩昂。祠内有柳宗元的巨型塑像，有宋代以来石刻20多块。全国四块"三绝碑"之一的"荔子碑"也珍藏于其中，碑文由韩愈作诗，苏东坡书写。柳侯祠大门，冠以歇山式屋顶，并在月洞门悬挂有郭沫若题写的"柳侯祠"匾额。中堂是一座三开间的木结构硬山式建筑物。厅内有两口石井，相传掘于唐代。这是柳宗元在柳州挖井兴利、造福人民的历史见证。后堂大殿为柳侯祠的主体建筑，为三开间的木结构，硬山式建筑。殿内有一尊柳宗元的盘腿坐像。头戴巾，手握笔，身着官服，正气凛然。

在柳侯祠内，有《龙城石刻》残碑，相传是至今尚存的柳宗元唯一手迹。碑上用行书刻写有"龙城柳，神所守；驱厉鬼，出匕首；福四民，制九丑。元和十二年，柳宗元"。祠内还保留着元代刻制的柳宗元画像。在柳侯祠附近，有柳宗元衣冠冢、思柳轩、罗池、柑香亭等人文遗迹，表达了后人对于柳宗元的敬仰及怀念。

■ 崇州陆游祠

　　陆游,字务观,号放翁,越州山阴(今浙江绍兴)人。是我国南宋时期著名的文学家、史学家、爱国诗人。由于奸臣秦桧从中作梗,考进士不中,后被宋仁宗赐进士出身。他先后任镇江、隆兴、夔州通判,宝章阁待制。陆游曾两度任蜀州(今四川崇州)通判,对蜀州的感情颇深,有诗曰:"江湖四十余年梦,不信人间有蜀州!"陆游才学出众,诗文超群,更有9000余首诗歌流传于世,著有《剑南诗稿》《渭南文集》《老学庵笔记》《南唐书》等。

　　罨画池是一座衙署园林,陆游在蜀期间常常流连于此。他常在此放歌、纵酒、作诗,携子畅游、宴请宾朋。罨画池也因陆游在此流连既久,对此景物感情最深而成胜迹。罨画池港湾回环,池桥高低曲折,水阁雕栏凌波,池心亭四角攒尖。陆上有清代建筑"琴鹤堂",纪念北宋廉吏赵下在此地做官,只以一琴一鹤相随而名;"风吹花香入酒卮",则为纪念陆游饮酒韵事而建。"问梅山馆"取意于陆游生平酷爱梅花。另外还有"半潭秋水一房山""水面

▲ 崇州陆游祠

风来菡萏香"等建筑，极尽古朴雅致。如今，罨画池已被列为全国重点文物保护单位。

陆游满怀抗金愿望，但屡屡不得实现。他以豪迈、奔放的诗歌，表述了自己爱国忧民的伟大情感。陆游的思想、才华、诗歌以及爱国热情，为后人所敬重，人们在他的故乡浙江绍兴陆游故居、宦游蜀州地均建有一座陆游祠。

明代洪武年间，人们将罨画池畔的陆游故居改建为陆游祠，1982年再度重建。该祠位于四川省崇州市罨画池东侧，是一座四合院式的宗祠建筑群，由大门、长廊、过厅、序馆、放翁堂和左右厢房及亭阁等建筑组成。占地面积约四亩，建筑面积900多平方米。

大门建筑古朴，门上悬有吴作人题写的匾额"陆游祠"。过厅以"梅馨千代"命名，序馆为"香如故堂"，取义于陆游《卜算子·咏梅》，以喻陆游坚贞高洁的品格。馆内陈列有陆游生平简介、陆游遗像玉石碑、陆游手迹碑。放翁堂为陆游祠的主体建筑，内有一尊陆游的铜铸像，像高两米有余，表现了诗人忧国忧民的神态。两厢房陈列有陆游诗文各种版本、清代以来国内出版的陆游著作及有关研究论著等。

在陆游祠的庭院中，翠竹绿树，四时花开不断，以

▲ 张九龄像

梅花最多，每至冬春之际，祠内梅花盛开，香气袭人，景色怡人。信步于梅林，品味着"何方可化千身亿，一树梅花一放翁""零落成泥碾作尘，只有香如故"等诗韵，宛若仍响在耳畔。

■ 大庾岭下九龄祠

张九龄，字子寿，韶州曲江（今广东韶关）人，我国唐朝时著名的政治家、文学家、诗人。出生于官宦世家，唐中宗景龙初年进士，官至中书侍郎同平章事，迁中书令。作为唐朝名相，被后世誉为"开元之世清贞任宰相"的三杰之一，是广东第一个进入执政中枢、位居宰辅的政治家。张九龄居安思危，洞察秋毫，多次直言进谏玄宗。"安史之乱"后，唐玄宗为未采纳张九龄的真知灼见而痛悔不已。可惜这样一位贤才，后被排斥，拂袖南归。张九龄主持修筑过梅关古道上的大庾岭驿道，保障了南北交通要道的畅通。他不仅在政治上成绩斐然，在诗歌上也有一定造诣。张九龄的诗具有"雅正冲淡"的神韵，其五言古诗在唐诗发展史上占有很高地位，产生过巨大影响，对岭南诗派的开创起到了启迪性作用。

唐代以前，已有大庾岭通道，其险峻堪与福建仙霞、四川剑门、陕西潼关比肩。唐开元四年（716年），张九龄以大庾岭"千丈悬崖""人苦峻极"为由，上书朝廷开大庾岭道，后获准奉诏另凿新道。前后历时两年，使这条岭道提前竣工。这条大庾岭道，北连江西大余，南接广东南雄，长45公里，是连接珠江与长江水系的陆上通道。这条通道为中原文化南下带来了便利，岭南文化发展与经济繁荣便有了一个很好的依托。宋代，朝廷定都于开封与杭州，使大庾岭道的地位得到进一步提高。宋嘉祐八年（1063年），广东、江西两路在山巅分水岭立碑，取名"梅关"，作为两路分界的标志。明成化十九年（1483年），南雄知府江璞在此修关楼，关楼成为了珠江流域与长江流域分界的重要标志性建筑。大庾岭因张九龄而"天堑变通途"，张九龄所撰的"大唐开凿大庾岭"路碑还矗立于南雄城外古道边。大庾岭道的开通，成为中原移民进入岭南的重要驿站，使五岭以南财货通达，人文兴盛。从此，梅关驿道与"九龄风度"，即正直的人格、清淡的风格、富国利民的奉献精神共同成为岭南史上的双璧，流传千古。

大庾岭下建有张九龄祠，其内留有历代迁客骚人的题刻。其中，以明大学士邱浚的一首《寄题张丞相祠》最为隽永："岭海千年第一人，一时功业迥无伦。江南入相从公始，衮衮诸贤继后尘。"

知识链接

诗人的那些有趣的称谓

李白——诗仙

杜甫——诗圣

李贺——诗鬼

杜牧——杜紫薇

温庭筠——温八叉

陆游——诗神

贾岛——诗奴

孟浩然——诗隐

白居易——诗魔

刘长卿——五言长城

王维——诗佛

刘禹锡——诗豪

孟郊——诗囚

王勃——诗杰

陈子昂——诗骨

贺知章——诗狂

王昌龄——诗家天子

苏轼——诗神

第三节　忠臣良将祠

■ 岐山县周公庙

周公，姓姬名旦，系周文王之子、周武王之弟。他曾两次辅佐周武王东伐纣王。武王死后，成王年幼，周公承担起了摄政的重任，率兵平定了"管蔡之乱"；制礼作乐，建立各项典章制度，为周王朝的巩固作出了重大贡献。作为我国历史上享有盛誉的政治家，他的礼治、法治、德治思想，他的中流砥柱担大任、建功立业为社稷的贤德胸怀，对于正统的儒家文化和中华民族文化心理都产生过无可替代的深远影响，有道是"周公吐哺，天下归心"。

为了纪念周公，隋、唐时期创修有周公庙，其地三面环山，相传就是《诗经》上所载"有卷者阿"之地。3000多年前，"凤鸣岐山"的历史典故就发生于此地。

岐山县周公庙位于岐山县城西北的凤凰山南麓，也是周初重臣周公旦晚年归隐之所。

周公庙景区清泉长流，古树苍翠，浓荫掩映，现存自唐及宋、元、明、清修建、扩建的单体古建筑30余座，建筑面积3000余平方米，为明、清建筑风格。周公庙依山就势，对称布局，以山门、乐楼、八卦亭为前导；

以周公献殿、寝殿各五楹为主导；召公、太公（姜尚）献殿、寝殿各三楹相衬托，姜嫄祠、后稷祠为延伸，构成了一个规模较大的古建筑群落。

周公庙最南端入口处有山门五间，歇山式屋顶，檐下悬"有卷者阿"匾；外立照壁，琉璃飞檐，中嵌石匾。乐楼又称"戏楼"，是宝鸡地区现存最古老的一处戏台；创建于元代至元年间，明清曾重修，仍保持着元代建筑风格。正面悬"飘风自南"匾，正立面为九脊歇山式顶，背面为悬山顶。

在乐楼之后有八卦亭，创建于光绪二十三年，平面正方形，重檐阁亭，中顶悬挂八根，连为八角形，彩绘藻顶，装饰精美，为纪念周公作爻辞而建。

周三公献殿、寝殿为一组，共六座单体建筑，分别创建于唐、宋、清年间，是周公庙的主要建筑，为纪念太傅周公、太保召公、太师太公"三公"的业绩，后人分别建有献殿和寝殿。此六殿屋顶螭吻繁缛独特，

屋脊立兽众多，造型生动。屋檐斗拱重叠，结构精巧。

姜嫄献殿、寝殿创建于元代，为祭祀周部族始母姜嫄而建立。硬山式，面阔五间，现存建筑为清代时重修，殿内有姜嫄塑像和清代壁画，色彩鲜艳，形象生动。

后稷献殿、寝殿，创修于明代，为纪念周部族先祖后稷而建。硬山式，面阔三间，内塑有后稷坐像，右配祀太伯、仲雍，左配祀王季（季历）。后稷为姜嫄所生，尧时被拜为农官，后人尊他为稷神（五谷神）。郊媒殿，初创于明末，在后稷殿东侧，硬山式，面阔三间，东西各有两小耳室。

庙东还有郊媒祠、三清祠、孔圣大成殿、玄武铜像等。周公庙旁有著名的润德泉，泉侧尚立有明刻"周公圣水"石碑，碑背面刻唐宣宗"敕赐润德泉"五个大字。庙内还有韩愈、苏轼、康海诗碑等历代石碑数十通。周公庙四周古木环绕，风景清幽，有唐柏二株、古楸二株。

汉中留坝留侯祠

张良，字子房，颍川城父（今河南宝丰）人，我国秦末汉初杰出的政治家、谋士，与韩信、萧何并称为"汉初三杰"。

留坝留侯祠，又被称为张良庙，位于陕西省汉中市留坝县群峰滴翠的紫柏山中。张良祠建于秦岭山中，二水夹流，五山环抱。

留侯镇大路的一旁，面对一方大型砖雕影壁有一座精雕细刻的青砖大门楼，上面的砖刻匾额为"汉张留侯祠"。过门楼跨石桥，进入院门楼连廊，壁上绘有线描留侯祠全景。宽敞的大院中央是一座重檐攒尖顶木亭子，导向两条轴线：一条线通向三清观，一条线通向张良祠。张良祠主院中轴线上的顺序排列有仪门、一进院落、正殿、二进院落、寝殿和后花园。庙内雕梁画栋，飞角鎏金，奇花异卉，芬芳四溢。

张良在功名显达之时急流勇退，归隐后好黄老、神仙之术，卒谥"文成"。东汉末年，张良十代孙、汉中王张鲁为纪念先祖建立此庙。于康熙年间，"重修大殿，再塑金身"，后道光、咸丰年间皆有增建，

▲ 汉张留侯祠

方成今日之规模。面积1.42万平方米，有院落六个，殿堂156间。主院西为南北花园，错落分布官厅、洗心池、拜石亭、回云亭、辟谷亭、五云楼、石桥、游廊等。现庙中共有摩崖题刻51处，碑碣39通，楹联40副，锦匾36面，以及书画等文物多种。从祠前的功名旗杆，过仪门，穿献殿、寝殿，沿祠后北花园的石阶攀升，登庙内最高建筑授受书楼，举目四望，云过秦岭，气象万千；再看赤松子洞，高深莫测，别有洞天；选址布局，暗合留侯张良功成名就、退隐山林、道法自然之义。

留侯祠主体建筑为抬梁式木结构，青砖灰瓦，面阔三间，形制古朴；屋顶镂空花脊，柱间木雕花板，檐枋彩画，具有浓厚的汉中地方风格与道教特色。主体建筑悬挂有"帝王之师""功成身退""相国神仙"等匾额，讲述了留侯张良的身世与追求。张良辅汉定鼎后功成身退的高风亮节一直被传诵至今。

■ 成都武侯祠

诸葛亮，字孔明，号卧龙。三国时期杰出的政治家、军事家、散文家、书法家与发明家。汉末徐州琅邪（今山东沂南）人。27岁时，受刘备之邀，出任军师，先后任中郎将、益州牧、丞相等要职，被封为武乡侯。在诸葛亮死后数十年，西川割据者李雄在成都主持修建了祭祀诸葛亮的祠堂——少城孔明庙。后来，人们又在成都南郊修建了一座武侯祠，该祠位于刘备陵墓惠陵的东侧，与惠陵、祭祀刘备的昭烈庙呈"品"字形布局。唐代，成都南郊武侯祠已声名远播。著名诗人杜甫、岑参、李商隐等，都曾慕名前去拜谒，并写有脍炙人口的名篇。宋元时期，武侯祠进行了多次修葺或重建，其中以南宋绍兴三十年（1160年）修缮规模最大。

明代洪武年间，朱元璋之子朱椿被封为蜀献王，他为了维护君尊臣卑的封建礼教，下令拆除成都南郊的武侯祠，将诸葛亮的塑像与牌位移至昭烈庙内，同关羽、张飞等并列。由于人们敬重诸葛亮，习惯上仍将昭烈庙称作武侯祠。明嘉靖二十一年（1542年），明朝统治者又在成都西郊的浣花溪畔修建了一座武侯祠，用来专门祭祀诸葛亮。明朝末年，浣花溪畔的武侯祠与成都南郊的昭烈庙一起，皆毁于战火之中。清康熙十一年（1672年），人们在成都南郊又重建了武侯祠，并在祠中修建了刘备殿、诸葛亮殿，将君臣合祀。根据"君尊臣卑、上下有序"的封建礼教规定，刘备殿被安置在前，相对高大；诸葛亮殿建筑于后，相对窄小。

成都武侯祠占地面积3.7万多平方米，其规模与布局。都是在清康熙年间重修后奠定的，为布局严谨、中轴线分明、左右对称的古代祠堂建筑群。祠堂建筑分为中路、左路与右路三大部分。在中路，从前往后，依次排列着祠堂的主体建筑大门、二门、刘备殿、过厅和诸葛亮殿。左右两路，分别建有香叶轩、碧草园、芝圃、观星楼、桂荷楼、琴台、三顾园、听鹂苑、盆景园、爱树山房等，掘有荷花池。这些庭院式、廊庑式或散点式建筑和园林景观为武侯祠整齐划一的祠堂布局增添了几分生动活泼的色调。

大门是一座硬山式过厅建筑，门上悬有"汉昭烈庙"匾额；门前正中有照壁一座，两侧各有一只石狮。二门也是硬山式过厅建筑，有门扇六面。墙壁上有岳飞手书诸葛亮《出师表》。

刘备殿是成都武侯祠中最高、最大的一座建筑物，为悬山式的殿堂，面宽七间，进深为15米。殿前有汉白玉石月台，四周有栏杆相围。殿前的檐柱上雕有盘龙，体现了帝王气派。殿内有井柱四根，神龛中供奉着刘备及其孙刘谌的塑像。刘备殿的东西两侧，分别建有东偏殿与西偏殿。西偏殿内的神龛中，供奉着张飞的塑像；东偏殿的神龛中，供奉着关羽的塑像。

刘备殿前的左右两侧，分别建有回廊：一侧列文臣，一侧列武将。这些彩色泥塑像共有47尊，都是清朝时的作品。在文臣廊中，有庞统、简雍、吕凯、邓芝、蒋琬、马良等人的塑像。在武将廊中，有赵云、马超、黄忠、姜维、王平、马忠等人的塑像。

过厅在刘备殿之后，面宽三间，进深二间。两侧各有回廊通向诸葛亮殿前的钟楼和鼓楼。过厅的后部为敞轩，正对着诸葛亮殿。

▲ 成都武侯祠

诸葛亮殿是成都武侯祠中的最后一座重要建筑物，为歇山式殿堂建筑，面宽三间，进深二间。其体量和布局充分体现了封建社会中君臣之间的尊卑关系。在殿堂的正脊两端，安置了吻兽，中间放置了二龙戏珠的图案。殿内中央，挂有一幅太极图。太极图两侧，分别写着诸葛亮的箴言"淡泊明志""宁静致远"。神龛内供奉着诸葛亮以及子诸葛瞻、孙诸葛尚的塑像。诸葛亮殿的建筑与装饰，饱含着人们对于诸葛亮的敬重。杜甫名句"出师未捷身先死，长使英雄泪满襟"，更是突出了后人祭祀的心境。

成都武侯祠收藏有众多的珍贵历史文物。铜鼓、碑刻和匾联是其中的上品。在武侯祠中共有铜鼓四面，圆形，腰部内收。相传铜鼓是诸葛亮率兵南征之时亲手所创，所以又被称作诸葛鼓。在祠中，现存有碑刻53座，其中以唐碑最为有名，刻立于唐宪宗元和四年，碑文是由中唐时期宰相裴度撰、唐代著名书法家柳公权的哥哥，曾任吏部尚书、兵部尚书的柳公绰书，蜀中著名的石刻匠人鲁建刻。这座石碑的文章、书法与刻工均属书中上乘，故被称为"三绝碑"。成都武侯祠中大大小小共有匾联61副，其中又不乏名联。

■ 杭州岳王庙

岳飞，字鹏举，南宋相州汤阴县（今河南安阳汤阴县）人，杰出的抗金名将，我国历史上著名的军事家与战略家，民族英雄。岳飞治军，赏罚分明，以身作则，纪律严整；并且能体恤部下，他率领的"岳家军"在其治下"冻死不拆屋，饿死不打掳"，对此，金人有"撼山易，撼岳家军难"的评价，表达了对"岳家军"的由衷敬畏。岳飞反对宋廷"仅令自守以待敌，不敢远攻而求胜"的消极战略，一贯主张积极进攻，以取得抗金斗争的胜利。另外，岳飞的文学才华也是将帅中极为罕见的，其词作《满江红·怒发冲冠》更是千古传诵的爱国名篇。

岳王庙坐落于西湖北面栖霞岭南麓,是杭州市区内现存规模与影响较大的官祠。岳王庙始建于嘉定十四年(1221年),清康熙五十四年(1715年)重建。现主要有忠烈祠、启忠祠等建筑。隆兴元年,孝宗诏复岳飞官爵,改葬栖霞岭。嘉定十四年(1221年),改智果寺为功德院,系现在岳王庙的始基。

岳王庙的整座建筑分为墓区与岳王庙两部分,占地约1.6万平方米,建筑面积2800平方米。庙坐北朝南,最南端为山门,面阔五间,进深两间,重檐歇山顶木构,上悬"岳王庙"匾额,两侧为殷红色八字墙,气势庄重肃穆。岳王庙布局严整,气氛庄严,漫步其间,周身都能感受到这千古的浩然正气。

步入山门,两侧古木参天,浓荫蔽日。忠烈祠位于正前方,系岳王庙主体建筑,建筑面积约7600平方米。重檐歇山顶木构,面阔五间,

▲ 杭州岳王墓

进深五间；带前后廊；明间梁架为十一架，正身两间带前后廊；次间梁架为十一架，正身三间带前后廊，上下檐均施斗拱。檐间悬"心昭天日"匾，为叶剑英元帅所书。殿内正中为高大的岳飞坐像，昂首挺胸，威严正气。祠前月台两侧还设有烈文侯张宪祠和辅义侯牛皋祠。忠烈祠的西侧是墓区，前设照壁，上镌有"尽忠报国"四个醒目的大字。

墓道两侧为碑廊，陈列岳飞手迹、记载历代重修及后人凭吊岳飞的诗词等碑刻120多块。再向西过一石桥为墓阙，上刻一副对联"青山有幸埋忠骨，白铁无辜铸佞臣"。墓地中央为岳飞墓，左侧为岳云墓。墓前两侧配置有石翁仲、石马、石羊等，皆为明代遗物。墓阙两侧设陷害岳飞的秦桧夫妇、万俟卨、张俊四人的铁铸像，面墓而跪，受尽千古唾弃。

墓的北面为启忠祠，始建于明天启四年（1624年），清康熙五十四年（1715年）重修，建筑面积五子云、雷、霖、震、霆，西庑殿祀五媳及女银瓶。

■ 代县杨令公祠

杨业，本名杨崇贵，原是北汉官员，北汉亡后降宋，改名为继业，任代州刺史。杨业勇猛善战，有着"杨无敌"的称号。公元980年，辽兵十万进击雁门，杨业只领数百骑便大败辽兵。因杨业系降将，不被赵宋王朝重用，终被陷绝境而死。杨业膝下七子均为宋将。杨家将的故事，在我国民间至今仍广为流传。

杨令公祠，又称杨忠武祠或杨家祠堂，位于山西省忻州市代县鹿蹄涧村。始建于元代，系奉祀北宋名将杨业夫妇及其子嗣的家庙。杨

▲ 杨忠武祠碑

家父子从五代北汉开始就为抵御外族侵略而南征北战，长期驻守于此，并在此繁衍生息。杨令公祠占地1.2万平方米，为两进院落，前、后大殿分别供奉有杨家男将、女将。祠内存有两部杨氏宗谱。在鹿蹄涧村，还能看到一轴杨族素绢史卷，据说是杨家"五通"之一，其余的都已失传。

元代，杨家十七世孙奉旨在此建祠，于明清时期又有重修。祠为前后两进四合院，后院正殿五楹，殿内正面木龛内，供祀有杨业及其夫人佘赛花塑像，两侧分别列有八子彩塑。建筑规整，塑像完好，祠内有"宗祖图"碑一通。在通往鹿蹄涧村的路口，也修起了高大的牌坊，指引海内外杨氏后裔来此祭祀先祖，认祖归宗。

合肥包公祠

包拯，字希仁，庐州合肥（今安徽合肥）人，北宋名臣。宋天圣年间举进士，先后任监察御史、龙图阁直学士、开封知府、御史中丞、三司使、枢密副使等职。包拯为官25年，执法严正，廉洁克己，是国人心目中最为著名的清官。他刚直不阿、断案如神，在无数仕宦中的形象最为耀眼。其死后被封为东海郡开国侯，追授礼部尚书，谥号孝肃。

留有《包孝肃奏议》。安徽合肥是他的故乡,广东肇庆是成就他刚直廉洁之清名的肇始之地。这两处都建有包公祠。

合肥包公祠位于安徽省合肥市包河公园内,原为香花墩上的一座古庙,明代弘治年间,庐州太守宋鉴将这座古庙改为了包公书院。嘉靖十八年(1539年),御史杨瞻又把包公书院改为包公祠。清代顺治年间重建。光绪八年(1882年),由直隶总督、北洋大臣李鸿章捐银再度重建。

合肥包公祠是一座封闭式的三合院落。全祠由照壁、大门、二门、正殿、回栏轩、清心亭、留芳亭、廉泉亭、直道坊、东轩和内外廊房等建筑组成,具有浓郁的江南园林民居特征。

大门是一座三开间的"八"字形建筑,中间高两头低。在中门的大门上悬挂着一块竖匾,上写"包孝肃公祠"五个大字。大门两侧有一副对联:忠贤将相,道德传家。这是封建时期人们对于包拯的最好评价。在大门两侧的门拱上,分别镌有"廉顽""立懦"字。包公祠内陈列着包公墓的出土文物,以及包拯妻董氏、长媳崔氏、次子包绶、次媳文氏、长孙包永年等人的墓志铭。这些都是研究包氏家族历史情况的

▲ 合肥包公祠

珍贵资料。正殿面宽五间，是祠中主体建筑。殿内高达三米的包拯坐像，头戴长翅乌纱帽，身穿官服，似升堂办案。坐像上方横梁上悬有大匾，上书"高风岳立""色正芒寒""庐阳正气""节亮风清"。在正殿的墙壁上，还有一幅包拯的石刻画像，是包拯任开封知府时画师为他绘制的。在正殿的左堂里，保存着三口铡刀，每把各长五六尺，人称龙头铡、虎头铡、狗头铡。

在正殿的东侧，祠的东南一隅，有一座六角形的亭子，即龙井亭，也称"廉泉亭"。亭内的古井，人称"廉泉"。相传，廉泉的水沾染了包拯的灵气，清廉者饮了，甘甜爽口，心旷神怡；贪污腐败者饮了，头痛腹痛，极为难受。

包拯病故于当时的北宋都城开封。第二年，他的遗骸才被运回合肥东郊的公城里东村安葬。1987年，人们将包拯的遗骨迁葬于今址，并按北宋二品官的礼制营建了包孝肃公墓园，供世人凭吊。

■ 台南延平郡王祠

郑成功，本名森，又名福松，字明俨、大木。福建泉州南安人。是明、清之际收复台湾的名将。永历帝封之为延平郡王。明永历十五年（1661年）率数万名将士自厦门出发，经澎湖于禾寮港（今台南）登陆，于清康熙元年收复台湾。之后建立行政机构，发展生产，推行屯田制，使台湾的社会经济得到了快速发展。

延平郡王祠，又被称为"郑成功庙、开台圣王庙"，地处台南市区东部，是纪念民族英雄郑成功的祠庙。由于郑成功驱逐荷兰侵略者，收复台湾的功绩，在台湾纪念他的祠庙有五六十座之多。但其中以台南的这座郑成功庙历史最为悠久，规模也最大，祀典亦最隆重。

台南郑成功庙在清康熙时就已兴建，清乾隆时进行了较大规模的扩建，清道光二十五年（1845年）重修。清同治十三年（1874年），沈葆桢巡视台湾，建议清政府将本庙列为国家祭祀的大典。光绪元年（1875年）清政府再赠郑成功延平郡王的称号，把庙改为延平郡王祠，于每年农历正月十六日定期举行祭祀典礼。

延平郡王祠的建筑形式与布局几经更改。光绪元年建成的延平郡王祠，为台湾仅有的一幢"福州式"建筑。平面布局有前照壁、前殿、正殿、后殿及两侧"护龙"厢房。另外还有很多具有创造性的特色，如垂脊燕尾式照壁与外墙合二为一，并有两处拱门，门外有旗杆一对。在立面上，马背墙呈"圭"字形，屋脊另成翘脊燕尾。而台湾当时的建筑很少能见到如此情况。

日寇侵占时期，日方将祠改成了开山神社，在正殿前加建了一个方亭，又将照壁前的东、西辕门拆除，并于祠的右侧建神社一所，把祠的布局与外貌破坏得面目全非。这种去中国化的狼子野心昭然若揭。

1945年日本投降之后，台湾国民党当局在把日本神社拆除后，1965年也将宗祠全部拆除，在原址上按照原来的基本格局，重新用钢筋混凝土材料修建了一座新的延平郡王祠。

在郡王祠的前面，是祠宇建筑园墙的大门。门为单檐歇山、绿色琉璃瓦顶、红墙、白色须弥座。门上嵌砌"明延平郡王祠"的匾额。入门之后是一片绿树繁茂的广场。在广场正中的甬道中间，竖有简洁的冲天式二柱一横牌坊一座。牌坊正中挂"忠肝义胆"四字横额。两侧柱子上刻对联一副——"孤臣秉孤忠，五马奔江，留取汗青垂宇宙；

▲ 延平郡王祠

正人扶正义,七鲲拓土,莫将成败论英雄"。

　　石牌坊门的后面,是祠宇的第一座殿门。殿门红墙绿琉璃瓦歇山顶,下有三级白石台阶,门前两侧置石狮一对。在门墙的左下角刻有"奉旨祀典"四字,是同治十三年福建船政大臣沈葆桢巡视台湾之时奏请清廷颁旨留下的印证。殿门的中央,悬有"前无古人"横匾。门殿之后,是一个砖铺地面的庭院广场。广场两边廊庑分列周遭,正中为一座三间周回廊的大殿,绿琉璃瓦歇山式屋顶,檐下饰以金碧彩绘,殿座为三步台阶基座。大殿正中供有郑成功塑像,蟒袍玉带,端坐于龛位之上,神情庄严。在殿的后庭中,有一株古梅,相传为郑成功亲手栽植。

　　一个名臣一座祠堂,历经三代几易其貌,形式与功能的关系已十分清晰。当今的祠堂建筑按北方清式建筑设计,采用钢筋水泥材料结构,满载着两岸人民对于光复台湾功臣的崇敬之心，对于殊死守护国家疆域名将的赞颂之义，也可以看出海峡两岸人民对我们中华文化的认同感与归属感，体现了团结统一、爱国主义的民族精神。

■ 浙江淳安海瑞祠

海瑞，字汝贤，号刚峰，明广东琼山县（今海南省海口市）人。明朝时的著名清官。明嘉靖期间任淳安知县，在任期间，勤政爱民，刚直守贫，不畏权贵，深受当地百姓爱戴，诚如浙江淳安海瑞祠偏殿立柱楹联所言："均赋税，除陋规，平冤狱，四载辛苦，小邑山高铭德政；恤黎民，抗权贵，谏帝王，一生刚直，大江水涌颂清官。"

淳安海瑞祠的原祠位于淳安县治旧址贺城西南，明万历年间县令吴天洪又改建于南山的脚下，民间对该祠又有着"南山海瑞祠"的称呼。相传，海瑞祠旧址与当时的县衙大门隔水相望，力求达到"登堂如见海先生"的意味。1985年拆迁一幢清代祠堂而改建的海瑞祠，位于淳安县千岛湖龙山岛；坐西北朝东南，砖木结构，由平台、门厅、前堂、天井、后堂及偏殿组成，建筑面积约625平方米。

门厅为抬梁式，重檐歇山顶，发戗起翘，饰吻走兽，小瓦，勾头滴水，檐下有斗拱。雕刻精细，内容为龙、狮、花卉及戏剧人物等。门厅两侧为"八"字墙。门厅上方悬挂有书法家舒同书"海瑞祠"匾额。门柱楹联由赵朴初题写——"祠堂县署，对宇依然，一湖照世开明镜；遗像丰碑，清风不歇，千山破浪尽刚峰。"后堂正中竖有明淳安进士徐廷绶撰写的《海刚峰先生去思碑记》，左廊东侧竖有海瑞书碑五通，其中一通为草书"寿"字。该字正看、倒看都是"寿"字，细看系由"生、

▲ 淳安海瑞祠

母、七、十"四字组成。据说，此字系海瑞任淳安知县期间为给母亲过七十大寿而书写的。

海瑞作为封建时期清官的楷模，清廉刚毅、刚正不阿的为官作风永远是后世官员的楷模。但是，海瑞侍奉的明朝嘉靖皇帝是历史上有名的昏君。海瑞的意识是典型的愚忠意识，幻想云开雾散，得见天日。在封建王朝，甘当皇帝忠实奴仆，却因其特立独行而受到中国官场体制的支配，成为历史上永远的孤傲耿介，也是中国人气节的一大体现。

■ 福州林文忠公祠

林则徐，字元抚，我国著名的民族英雄。乾隆五十年（1785年）出生于福建侯官鼓东街（今福州市鼓楼区）一个下层知识分子的家庭里。嘉庆十六年（1811年）殿试高居第二甲第四名，赐进士，选翰林院庶吉士。此后历任陕西按察使、湖北布政使、河南布政使、江苏巡抚、湖广总督、两广总督。

当虎门海滩上燃起了销烟的大火，林则徐就注定会成为中国近代史上抵御外辱的民族英雄，至今为人们所追忆与纪念。然而，自鸦片战争之后，道光帝却归咎于林则徐"办理不善"，因而下旨将其充军伊犁。道光二十五年（1845年）被重新起用署陕甘总督，后历任陕西巡抚、云贵总督。道光二十九年（1849年）因病辞职归籍，道光三十年（1850年）病逝于潮州普宁县（今广东普宁北）行馆。咸丰元年（1851年），咸丰帝赐祭葬，谥号"文忠"，晋赠太子太傅。

　　林文忠公祠是园林式祠堂，位于福州市澳门路，建于清光绪三十一年（1905年），占地面积3000平方米。内设仪门厅、御碑亭、南北花厅、树德堂、曲尺楼等主要建筑。鱼池、假山、回廊、曲径，颇具江南园林特色。公祠门朝东，第一道屏墙两侧设边门，正中嵌六方大理石，其上镌有"林则徐纪念馆"六个大字。屏墙内壁为虎门销烟浮雕。第二道为牌楼形门墙，额书"林文忠公祠"，两侧回廊及庭

▲ 福州林文忠公祠

▲ 林则徐像

院正中石甬道可通仪门厅。过仪门到御碑亭，为正方形歇山顶建筑，内立三通青石碑：一为圣旨，一为御赐祭文，一为御制碑文。祠厅树德堂在碑亭北侧，厅正中祀林则徐塑像。祠厅西侧有南北花厅，厅院中有鱼池、假山及茶花、石榴花树，环境幽雅。池北为曲尺楼，原是林氏家族子弟读书处，如今陈列的是与林则徐生平有关的文物。

翻开历史的画卷，英雄们的事迹一件件跃然于上，而每一件均是改变中国历史进程的大事。正因为有了这些英雄的存在，中国这一文明古国才得以永续发展。中国本不乏英雄楷模，只是若能在学习古人气节之时加上一些坚毅与团结，或许情况会好得太多呢！

知识链接

虎门销烟事件

1838年，以英国为首的外国商人走私到中国的鸦片已达400余箱。对于这杀人不见血的鸦片，中国有志之士深恶痛绝。身为湖广总督的林则徐上书道光皇帝道："鸦片流毒天下，为害甚矣，法当视之，惹犹泄泄视之，是使数十年后，中原几无可御敌之兵，且无可以充饷之银。"

道光皇帝看了林则徐的奏章，发现了问题的严重。于是，派林则徐为钦差大臣，前往广东查禁鸦片。林则徐一到广州，便下令查封了广州所有的烟馆，并传信洋行商人报出存烟实数，限三天内将鸦片全部缴出。各国鸦片商看到林则徐如此坚决，便采用搪塞敷衍、欺骗贿赂等卑劣手段，意图迫使林则徐屈服。但林则徐根本就不吃这一套，将虎门滩上两座50米见方的大池子里灌满了卤水，并将2万多箱鸦片投入池中。鸦片被盐卤泡透后，再抛下石灰，顿时池水翻滚，烟雾四起。周围成千上万的中国民众一片欢呼，这一举动让趾高气扬的洋人们目瞪口呆。

虎门销烟事件，揭开了中国人百年来反抗侵略斗争的光辉篇章，并向世界表明了中国人反抗外国侵略的坚强意志。

图片授权

全景网

壹图网

中华图片库

林静文化摄影部

敬　启

本书图片的编选，参阅了一些网站和公共图库。由于联系上的困难，我们与部分入选图片的作者未能取得联系，谨致深深的歉意。敬请图片原作者见到本书后，及时与我们联系，以便我们按国家有关规定支付稿酬并赠送样书。

联系邮箱：932389463@qq.com

参考书目

1. 李秋香. 宗祠——乡土瑰宝系列. 上海：三联书店，2006.
2. 周振捷. 中山客——访宗祠寻根追远，广州：广东人民出版社，2016.
3. 滕雪慧. 瓜瓞绵延山海间——临海传统宗祠研究. 北京：文物出版社，2015.
4. 赵新良. 中华名祠：先祖崇拜的文化解读. 沈阳：辽宁人民出版社，2013.
5. 邵建东. 浙中地区传统宗祠研究. 杭州：浙江大学出版社，2011.
6. 沈荣金. 宗祠楹联典故. 广州：华南理工大学出版社，2015.
7. 冯尔康. 中国古代的宗族和祠堂. 北京：商务印书馆，2013.
8. 刘华. 中国祠堂的故事. 济南：山东画报出版社，2015.
9. 何兆兴. 老祠堂——古风：中国古代建筑艺术. 北京：人民美术出版社，2003.
10. 郑建新. 解读徽州祠堂：徽州祠堂的历史和建筑. 北京：当代中国出版社，2009.
11. 广东省文物局. 广东文化遗产——古代祠堂卷. 北京：科学出版社，2013.

中国传统民俗文化丛书

一、古代人物系列（13本）
1. 中国古代乞丐
2. 中国古代道士
3. 中国古代名帝
4. 中国古代名将
5. 中国古代名相
6. 中国古代文人
7. 中国古代高僧
8. 中国古代太监
9. 中国古代侠士
10. 中国古代幕僚
11. 中国古代皇后
12. 中国古代士人
13. 中国古代华侨

二、古代民俗系列（10本）
1. 中国古代民俗
2. 中国古代玩具
3. 中国古代服饰
4. 中国古代丧葬
5. 中国古代节日
6. 中国古代面具
7. 中国古代祭祀
8. 中国古代剪纸
9. 中国古代鞋帽
10. 中国古代生肖文化

三、古代收藏系列（16本）
1. 中国古代金银器
2. 中国古代漆器
3. 中国古代藏书
4. 中国古代石雕
5. 中国古代雕刻
6. 中国古代书法
7. 中国古代木雕
8. 中国古代玉器
9. 中国古代青铜器
10. 中国古代瓷器
11. 中国古代钱币
12. 中国古代酒具
13. 中国古代家具
14. 中国古代陶器
15. 中国古代年画
16. 中国古代砖雕

四、古代建筑系列（12本）
1. 中国古代建筑
2. 中国古代城墙
3. 中国古代陵墓
4. 中国古代砖瓦
5. 中国古代桥梁
6. 中国古塔
7. 中国古镇

8. 中国古代楼阁
9. 中国古都
10. 中国古代长城
11. 中国古代宫殿
12. 中国古代寺庙

五、古代科学技术系列（15本）
1. 中国古代科技
2. 中国古代农业
3. 中国古代水利
4. 中国古代医学
5. 中国古代版画
6. 中国古代养殖
7. 中国古代船舶
8. 中国古代兵器
9. 中国古代纺织与印染
10. 中国古代农具
11. 中国古代园艺
12. 中国古代天文历法
13. 中国古代印刷
14. 中国古代地理
15. 中国古代地方志

六、古代政治经济制度系列（16本）
1. 中国古代经济
2. 中国古代科举

3. 中国古代邮驿
4. 中国古代赋税
5. 中国古代关隘
6. 中国古代交通
7. 中国古代商号
8. 中国古代官制
9. 中国古代航海
10. 中国古代贸易
11. 中国古代军队
12. 中国古代法律
13. 中国古代战争
14. 中国古代衙门
15. 中国古代外交
16. 中国古代盐文化

15. 中国古代饮食
16. 中国古代娱乐
17. 中国古代兵书
18. 中国古代哲学
19. 中国古代宗祠
20. 中国古代奇案
21. 中国古代旅游
22. 中国古代家风
23. 中国古代地名
24. 中国古代家谱与年谱
25. 中国古代名字与别号
26. 中国古代墓志铭

七、古代文化系列（26本）

1. 中国古代婚姻
2. 中国古代武术
3. 中国古代城市
4. 中国古代教育
5. 中国古代家训
6. 中国古代书院
7. 中国古代典籍
8. 中国古代石窟
9. 中国古代战场
10. 中国古代礼仪
11. 中国古村落
12. 中国古代体育
13. 中国古代姓氏
14. 中国古代文房四宝

八、古代艺术系列（12本）

1. 中国古代艺术
2. 中国古代戏曲
3. 中国古代绘画
4. 中国古代音乐
5. 中国古代文学
6. 中国古代乐器
7. 中国古代刺绣
8. 中国古代碑刻
9. 中国古代舞蹈
10. 中国古代篆刻
11. 中国古代杂技
12. 中国古代民间工艺